U0509828

Research on Influence of Large Shareholders to
Financial Decisions for Agri-Listed Companies

大股东行为对农业上市公司
财务决策影响研究

本书获山东青年政治学院第八届学术专著出版基金资助

刘 莹/著

经济管理出版社
ECONOMY & MANAGEMENT PUBLISHING HOUSE

图书在版编目（CIP）数据

大股东行为对农业上市公司财务决策影响研究/刘莹著.—北京：经济管理出版社，2018.12

ISBN 978-7-5096-6241-0

Ⅰ.①大⋯　Ⅱ.①刘⋯　Ⅲ.①农贸企业—上市公司—股东—影响—财务决策—研究—中国　Ⅳ.①F324

中国版本图书馆CIP数据核字（2018）第286017号

组稿编辑：宋　娜
责任编辑：范美琴
责任印制：黄章平
责任校对：董杉珊

出版发行：经济管理出版社
　　　　　（北京市海淀区北蜂窝 8 号中雅大厦 A 座 11 层　100038）
网　　　址：www.E-mp.com.cn
电　　　话：（010）51915602
印　　　刷：三河市延风印装有限公司
经　　　销：新华书店
开　　　本：720mm×1000mm/16
印　　　张：12.5
字　　　数：205千字
版　　　次：2019年6月第1版　2019年6月第1次印刷
书　　　号：ISBN 978-7-5096-6241-0
定　　　价：98.00元

前　　言

　　大股东是相对于中小股东的投资人，其出资额更多，同时承担的责任也更大，从理论上讲二者之间没有绝对界限，但实际上二者在公司的地位却因不严格遵守"同股同权"原则而有很大的差异。研究显示，股权集中和占主导地位的大股东侵权现象越来越普遍存在于各类上市公司，大股东掌握着上市公司的实际控制权，具有追求控制权收益最大化的倾向，损害了公司价值和中小股东的利益。财务决策的制定和执行贯穿公司价值实现的全过程，是现代财务管理的核心，因此，在大股东对公司价值影响这一研究领域，本书选择了大股东行为对公司融资、投资、利润分配三大财务决策影响的研究视角，以股权集中度比较高的农业上市公司为样本，来研究这种现象背后的规律，为上市公司治理提供依据。

　　本书试图以委托代理理论、信息不对称理论、公司治理理论、博弈论等作为理论指导，以结构方程法、多元回归分析法、博弈模型、激励监督模型为分析工具，系统总结我国农业上市公司的财务特征和公司治理特征；发掘大股东侵害行为存在的事实以及对财务决策影响的路径；得出大股东行为对融资决策、投资决策、利润分配决策产生影响的具体形式；对大股东行为进行内部和外部制衡因素分析；在此基础上，提出优化大股东行为的政策建议。

　　本书撰写思路和得到的主要结论如下：

　　第一，梳理委托代理理论、信息不对称理论、公司治理理论等相关理论基础，界定大股东行为、公司财务决策等基本概念，分析大股东实施侵害行为的原因。大股东与中小股东效用函数不同，在公司运营过程中存在信息不对称，导致二者委托代理问题的产生。由于中小股东对大股东行为监督的事实缺位和债权人利益实质性保障的缺失，给大股东实施侵害行为

1

提供了机会。

第二，使用描述统计方法对我国农业上市公司进行特征分析，认为公司规模特征、财务特征和公司治理特征各项指标水平令人担忧，通过公司治理提升绩效水平迫在眉睫。首先，从财务特征来看，我国农业上市公司盈利能力距离沪深两市上市公司均值有很大差距，指标离散性明显，整体规模偏小。偿债能力指标表现虽然比较令人满意，但国家近几年融资惠农政策并未让所有农业上市公司受益。由于资产管理策略制定不合理，资产营运效率不高，对盈利能力和偿债能力带来负面影响。在销售总额逐年稳步增长的同时，净利润并没有表现出令人满意的业绩。其次，从公司治理特征来看，第一大股东的控制权优势越来越明显，对公司及财务决策的控制能力在增强。

第三，使用结构方程法研究大股东行为对公司财务决策的影响路径，发现大股东往往从个人私利出发，对公司财务决策产生负面影响，这其中既有直接影响，又有通过董事会治理机制和公司高管治理机制产生的间接影响。之所以负面影响普遍存在，源于其他大股东对第一大股东的制衡机制以及董事会对大股东的约束机制尚未发挥应有的作用。高管治理机制对公司财务决策的影响为负，说明由于我国农业上市公司中高管持股数量相当少，高管激励机制并未在公司治理中发挥应有的积极作用。

第四，以我国35家农业上市公司面板数据为样本，使用多元线性和非线性回归模型确定股权集中、股权制衡、股权性质等股权制度安排对融资偏好、投资效率、现金股利分配比率影响的具体形式，发现：①股权越集中，大股东侵害行为越容易发生；②其他股东制衡能力越强，公司内部对大股东监督的动机和能力也就越高，内部股权制衡是优化大股东行为的有效途径之一；③独立董事制度对大股东的约束机制缺失，甚至是产生负面影响；④公司高管持股比例均值接近于零，高管激励机制并未在公司治理中发挥应有的积极作用。

第五，使用博弈模型和激励监督模型对大股东行为进行了制衡因素分析，找到治理大股东行为的关键因素。

第六，根据内部制衡因素分析中进化博弈均衡解，外部制衡因素分析中外部监管者激励监督模型解和外部监管机构纳什均衡解的研究结果，结合我国农业上市公司的特征，对抑制大股东的侵害行为、保护中小股东的合法利益提出政策建议。

　　本书的独特性主要体现在以下两方面：第一，在已有公司治理研究中，激励监督模型只应用在第一类委托代理关系中，虽然大股东在身份上只是出资额比较高，与中小股东没有本质区别，但是本书分析发现，大股东的控制权削弱了中小股东对公司事务的管理权力，取而代之由大股东代替中小股东实施监督权和管理权，从法律义务来看，大股东对中小股东负有诚信义务，二者符合激励监督模型的要求。因此，本书通过一个对大股东的激励监督模型，将第二类委托代理关系纳入这一模型中进行定量分析，寻找到能够优化大股东行为的有效机制。第二，前人在研究中普遍提出应加大对违规大股东的惩罚力度，增加对中小股东的赔偿，但是对于赔偿额度应该怎样确定，什么类型的赔偿是有效的却少有研究。本书通过法经济学中的"惩罚系数"模型，对这一问题进行了补充。

　　本书理论性和实用性并重，以"理论基础—技术方法—实践应用"为框架，结构合理、清晰；重视大股东对公司财务决策影响机理和基本原理的介绍和分析；对公司治理的应用实践体现充分。

　　感谢教育笔者多年的师长，感谢笔者的同仁给予的帮助和支持；感谢出版社同仁为本书出版付出的辛勤劳动。由于笔者水平有限，编写时间仓促，虽几经改稿，书中错误和缺点在所难免，欢迎广大读者不吝赐教。

刘　莹
二〇一八年八月

目　　录

1 导 论

1.1 选题背景及意义

自贝利（Berle）和米恩斯（Means）的经典论著《现代公司与私有产权》于1932年问世以来，企业的所有权结构在公司治理中的效率问题就成为公司财务研究领域长盛不衰的焦点研究问题之一。很多学者围绕这一问题展开了富有成效的研究，谁对公司实施终极控制、如何控制是研究的重点。贝利和米恩斯认为，公司控制权就是股东通过行使法定权利或通过其他途径能够对董事会大部分成员施加影响，对他们具有实际权力。公司控制权应当属于公司最高权力机构股东大会及其代理人，拥有公司控制权即能够对股东大会、董事会、监事会和经理层进行控制，大股东可以凭借自身的股权优势控制股东大会，对董事会、监事会以及经理层的任命和决策产生影响，进而会对公司融资活动、投资活动、利润分配活动等环节的财务决策产生影响甚至控制。

从20世纪末开始，高度集中的股权结构，以及大股东对公司的控制现象在各种类型的公司中越来越明显，逐步取代了股权分散性的公司治理特征，成为世界公司治理领域的新趋势。研究者们在公认的股权高度分散的美国和欧洲企业中也证实了控制性大股东的广泛存在。我国上市公司股权相对集中，大股东及其内部代理人交替控制着公司的重大决策和资源配置，这样的股权制度安排，加之大股东与中小股东之间严重的利益冲突，为我国上市公司大股东通过对公司财务决策施加影响，攫取控制权私有收益提供了条件，客观上也侵害了公司价值和中小股东的利益。

在进行定量分析时，本书均选择我国农业上市公司作为研究样本，这是因为农业是我国最大、最重要的产业，是国民经济的基础。农业上市公司是农业企业较高层级的组织形式，也是资本市场上资本运作的重要载体。

农业上市公司作为农业类型企业中的龙头和代表性企业，在带动农业加快发展及推动农业现代化、标准化、集约化经营等方面具有天然的优势，也是推进我国现代农业建设的重要主体和关键环节。与非农公司相同，农业上市公司既要按照现代企业制度要求努力追求企业的价值最大化，又要承担带动农业产业转型升级、促进农业可持续发展、提高农业及农民可支配收入、保障食品健康等重要的社会责任。但总体来看，当前我国农业上市公司的表现并未达到预期，存在的部分突出问题表现为：农业各子行业发展不均衡，生产效益呈逐年下滑趋势；部分农业上市公司经营业绩堪忧，有的上市不久即被ST甚至PT，个别甚至退市；部分农业上市公司经营脱离主业，转向非农行业如房地产开发、办学、开采矿山等行业，逐渐背离了国家对农业上市公司带动农业产业化经营这一目标定位（邹彩芬，2007）；部分农业上市公司股权结构和治理结构不合理，甚至造假丑闻频出，严重影响到农业上市公司的可持续发展能力和市场竞争能力。上述问题的存在，使农业上市公司部分脱离了"三农"本质，弱化了上市公司对农业板块的带动作用，也使其成为上市公司中备受争议的一个板块。若不能采取有效措施及时优化我国农业上市公司的治理结构，提高公司业绩，将会影响农业产业化进程，甚至阻断农业可持续发展进程。可以说，稳步提高我国农业上市公司的公司绩效，是引领农业企业稳步发展的核心。

已有研究（南开大学公司治理研究中心公司治理评价课题组，2006；向朝进和谢明，2003；陈昀，2008）显示，公司治理效率与公司绩效之间存在显著的正相关性，公司治理效率的提升往往带来公司绩效的显著提高。经济合作与发展组织在《公司治理结构原则》中给出的公司治理定义是："公司治理是一种据以对工商公司进行管理和控制的体系"。李维安和张维迎分别从狭义和广义两个方面对公司治理的外延提出了自己的观点。李维安（2001）认为，"狭义的公司治理，是指公司所有者（主要是股东）对经营者的一种监督与制衡机制"，这显然是从委托代理关系角度进行的描述。张维迎（2005）认为，"广义地讲，公司治理是指有关公司控制权和剩余索取权分配的一整套法律、文化和制度性安排，这些安排决定公司的目标，谁在什么状态下实施控制、如何控制，风险和收益如何在不同企业成员之间分配这样一些问题"，并认为"广义的公司治理结构是企业所有权安排的具体化"。从以上两位学者的主要观点来看，公司治理明确规定了诸如董事会、经营者、股东等公司各个利益相关者的权利和责任，这一观点是站在产权关系角度进行的分析。无论从哪一个角度界定公司治理的外延，在大股东控制越来越明显的现代企业中，公司治理的核心均落脚在了对大股东行为的治理上。

从公司的经营和决策过程来看，大股东主要通过绝对股权优势控制股东大会，进而通过股东大会对董事会、监事会的任命权以及董事会、监事会对管理层的监督权操控公司，影响公司财务决策，侵犯公司及中小股东利益。由此可见，大股东并不直接参与公司的日常财务决策，对财务决策的影响有直接的，也有间接的。因此，有必要将大股东与中小股东之间的第二类委托—代理矛盾带入到公司财务决策中，这将有助于我们更好地了解大股东治理机制的内在机理和效率，为上市公司治理提供依据。

因此，将我国农业上市公司的现状与大股东行为对公司财务决策的影响相结合，具有以下理论意义和现实意义：

（1）研究的理论意义。

对上市公司中大股东行为的研究，将有助于进一步完善和解释所有权集中条件下，企业所有权结构和控制权配置与企业财务行为的关系；有助于了解大股东侵害行为发生的原因、路径和具体方式，通过有效规制优化大股东行为，减少价值损失。

（2）研究的现实意义。

农业上市公司是我国促进农业产业化的桥梁，通过对农业上市公司大股东侵占行为的约束规制，提高公司治理效率，从而提升农业上市公司的绩效，将关乎我国农业和整个国民经济的发展，对我国促进农业产业结构调整、加快农业现代化等都具有积极的推动作用。

综上所述，本书的研究目的就是以大股东行为对公司财务决策的影响为落脚点，通过对上市公司大股东行为的治理提升公司治理效率，以公司治理效率的提升改善目前我国农业上市公司规模小、绩效差的现状。

1.2 国内外研究文献综述

寻找到大股东行为对公司决策产生影响的路径和具体形式，通过内部、外部制衡因素分析，进一步优化外部监管者和大股东的行为，提升公司治理效率，实现公司价值最大化，改善我国农业上市公司财务绩效，是本书的主线。

1.2.1 大股东侵占行为对公司价值的影响

大股东控制、私有收益和掠夺效应等问题受到国内外学者的广泛关注，研究大股东行为如何影响公司价值可将公司治理问题带入一个新的研究阶段。

控制权收益在分析大股东治理行为中起着重要作用。这一概念最早由Grossman 和 Hart（1999）提出，后续研究者将其分为控制权共享收益和控制权私有收益。控制权共享收益是指大份额持股而带来的决策权和股东财富效应驱使大股东监督管理者提高公司价值并使自己获得的收益（Holderness，2003）；控制权私有收益则是指大股东通过行使其投票权而占用公司资源使自己获得小股东无法获得的收益。控制权收益的提出明确了大股东的持股动机，同时也揭示了大股东与中小股东的不同目标。

大多数西方国家，大公司往往是家族式运营，Yves Bozec 和 Claude Laurin（2008）以家族所有权为例，解释了大股东侵占行为发生的三个条件，分别是侵占动机、侵占激励和侵占机会。集中的股权结构和自利天性为大股东提供了侵占动机；投票权与现金流权之间的分离为大股东追逐控制权私有收益提供了强有力的激励；当缺乏内部制衡和外部监管时，侵占机会便出现了。

大股东行为对公司价值的影响主要从股权集中度和股权制衡度两个维度予以论证。已有研究对股权集中度与公司价值之间的关系有三种结论：正相关论（Claessens，1997；Thomsen 和 Pedersen，2000；陈小悦和徐晓东，2001；刘星和刘伟，2007；等等）、负相关论（Lehmann 和 Weigand，2000；Johnson，2000；高明华和杨静，2002；等等）、无关论（Demsetz 和 Lehn，2001；Mehran，1995；朱武祥和宋勇，2001；于东智，2001；等等）。股权制衡度与公司价值之间的关系也存在两种观点：第一，股权制衡度对公司价值存在正面影响，大部分研究者持有这种观点，如 Pagano 和 Roell（1998），Gomes（2001），Henrik Cronqvist 和 Mattias（2001），徐向艺和张立达（2015），等等。第二，股权制衡度对公司价值存在负面影响，朱红军和汪辉（2004）得出了这一结论，但这一结论是以中国民营上市公司为样本，具有行业依赖性，至于其他行业是否也会得出相同的结论还不置可否。

可见，国内外研究者产生了较大分歧，甚至得出了相悖的结论，对此，徐丽萍等（2006）将原因归结如下：第一，指标选取的差异，包括公司价值、股权集中度和股权制衡度等指标的选取。第二，大股东行为的外生化。将大股东的行为当作既定外生变量排除在系统之外，未考虑多个大股东并存时大股东之间的竞合关系（刘慧龙，2009）。第三，大股东侵占的路径。钟海燕、冉茂盛和文守逊（2010）认为，大股东行为对公司价值的影响并不都是直接的，而是有可能通过其他公司治理机构产生间接影响。第四，行业选取的差异也会造成结果的不一致。

Duha Al-Kuwari（2012）认为，股权集中度和股权制衡度对公司价值的影响程度、影响方向均受股权性质即大股东类型的影响，这也为解释以上研究结论的差异提供了另一个视角。已有研究对股权性质的划分使用了两种标准：第一种，根据大股东的身份划分为国有股、机构股和个人股（Duha Al-Kuwari，2012）；第二种，根据终极产权论区分（刘星等，2010）。通过在模型中加入大股东性质这一控制变量，可以反映股权性质对公司价值的影响。

1.2.2 大股东行为对公司财务决策的影响

Henri 和 Rudiger Fahlenbrach（2009）指出，出于攫取控制权私人收益的目的，大股东总是会通过对企业的实际控制权，使企业高层做出满足其"隧道挖掘"行为的财务决策，从而对企业的融资、投资和利润分配等决策行为产生影响。

（1）对公司融资决策的影响。虽然大多数上市公司保持了较低的资产负债率，但仍把股权再融资作为首要融资方式，几乎没有上市公司主动放弃进行股权再融资的机会，黄少安（2001）将这种现象定义为股权融资偏好。Ettore Croci、John A. Doukas 和 Halit Gonenc（2011）使用"控制动机"一词指出，上市公司的所有权结构和大股东控制动机会对公司融资决策产生影响。张祥建和徐晋（2005）认为，大股东利用股权再融资这种"隧道行为"可以获得中小股东无法得到的隐性收益。造成大股东股权融资偏好的原因很多，与大股东行为有关的研究主要有以下两点：

第一，债务对大股东行为的治理效应。Williamson（1988）认为，在市场经济条件下，负债资本不仅是重要的资金来源，企业还可以凭借负债进行有效的公司治理。Lang 等（1996）、McConnell 和 Servaes（1995）、Ahn 等（2006）和 Aivazian（2005）利用美国和加拿大上市公司的财务数据研究了债务对大股东的约束效应。他们认为，迫于债务还本付息的法定义务，大股东不得不对侵占行为予以收敛。Ettore Croci、John A. Doukas 和 Halit Gonenc（2011），雒敏（2011）均将负债看成是对"大股东堑壕效应"的治理手段之一，债务作为一种治理工具，具有还本付息的硬约束，此时，债务可以发挥治理功能，对大股东的行为进行有效监督。债务融资的治理作用提高了大股东通过侵占行为获取私有收益的难度，大股东控制下的上市公司在进行融资决策时不可避免地会放弃融资有序假设中的融资顺序，代之以股权融资偏好。

第二，股权融资为大股东带来控制权私有收益。与西方成熟证券市场相比，在我国，股票发行是一种稀缺资源，股票发行的市盈率普遍较高，投资者不愿意参与高溢价股票认购的问题已经不再是股权再融资的障碍，这为我国上市公司选择通过发行高溢价股票进行股权融资提供了便利。高价配股或增发之后，大股东利用手中的控制权以占用资金等方式从上市公司手中转移资产和利润，从而"掏空"上市公司，侵害中小股东的利益（Johnson La Porta 和 JLLS，2000；章卫东和王乔，2003）。在众多筹资方式中，企业之所以更倾向于股权再融资，根本原因在于大股东的股权再融资偏好。大股东掌握公司控制权，由于高价配股或增发中获取的收益远远超过公司正常业绩增长带来的绩效，大股东往往出于追求控制权私有收益最大化的考虑，更加热衷于股权融资，（Zwiebel，1995；Ettore Croci，John A. Doukas 和 Halit Gonenc，2011；张祥建和徐晋，2005），甚至形成联盟来分享私有收益，造成资产负债率在低水平徘徊（Gomes 和 Novaes，2005）。

大股东行为对公司融资决策影响的定量研究主要有建模推导和多元回归两种方法体系。张祥建和徐晋（2005）根据大股东现金流权和控制权的分离状况，参考并改进了 Filatotchev 和 Mickiewicz（2001）提出的效用函数模型与推导模式，分析了我国上市公司股权再融资偏好与大股东实施侵害行为之间的关系。更多研究者采用了多元回归模型，所不同的是变量选取和变量之间函数关系的差异。比较有代表性的有：Salla Pöyry 和 Benjamin Maury（2010）使用负债总额与股权的市场价值加负债的账面价值之比（TD/MV）作为债务比率；雒敏（2011）以其他应收款占总资产的比重作为因变量，以资产负债率等债务指标作为解释变量，均印证了大股东通过降低债务融资比例达到资金占用目的的结论。

（2）对公司投资决策的影响。投资决策是企业三大核心财务决策之一，上市公司的非效率投资问题也一直是国内外公司治理关注的焦点。

前人研究分别从"委托代理问题""大股东与经营者的合谋""信息不对称带来的逆向选择行为"三个方面讨论了大股东行为对投资决策产生影响的原因。

第一，委托代理问题。委托代理理论认为，代理人目标与组织目标不一致是产生利益侵占动机的前提条件（张维迎，2011）。股权融资契约和债权融资契约就分别引起了股东与经营者之间以及股东与债权人之间的委托代理关系（Yuan Yuan，2012），以上两种委托代理关系产生的问题成为研究者在实践和理论研究中的两个关注点。大量学者对以上两种委托代理问题进行了研究（Yuan Yuan，2012；Milton Harris 和 Artur Raviv，2010；David A. Butz，1994；杨兴全，2014；陈耿等，2012；冯根福，2004；等等）。

Jensen 和 Meckling（1976）从股东和债权人的委托代理成本角度解释了非效率投资。Green 和 Talmor（1986）将这一委托代理关系称为股东的风险转移动机（Risk-Shifting Incentive or Asset Substitution Problem）。当债权债务关系发生时，双方有合同相互约定，该笔借款只能用于某个或某类项目，因此股东使用该笔资金超出债权人合同约定的预期做投资时，必然征得债权人的同意，但是，事实往往相反。Julie Byrne 和 Thomas O'Connor（2012），Jens Hilscher 和 Elif Şişli-Ciamarra（2013）均指出，一旦获得了债权人的资金，股东往往会背弃债务融资时向债权人做出的低风险投资项目的承诺。如果债务资金投放的高风险项目成功，股东可以获得全部超过低风险投资项目的剩余收益，债权人只能获得固定利息部分；如果投资失败，由于股东只承担出资额部分的有限责任，额外损失则悉数转移给债权人，这大大增加了债权人的风险。正如 Thomas Schmid（2013）与

Paul Brockman 和 Emre Unlu（2009）所指出的，在风险转移动机下，股东将具有强烈的动机去从事那些很难投资成功，但是一旦成功收益颇丰的投资项目。这样，就产生了股东投资风险专业动机下的投资过度的低效率问题。

Tirole（2006）则从股东和经营者的委托代理成本角度解释了非效率投资。他认为，企业的投资对于经营者而言是存在私人成本的，经营者付出的金钱、精力和管理才能只能得到部分补偿，因此，管理者会放弃部分净现值（NPV）为正的投资项目，从而导致投资不足。与之相反，由于经营者的权力与公司规模正相关，而且可以通过建造企业帝国来增加自己被替代的成本（Hart，1995），因此，经营者有强烈动机使投资高于最优投资规模，将本应分给股东的钱用于NPV有可能为负的项目以获取更多的私利，这就是投资过度，也是经营者和股东之间代理成本的主要形式。

第二，大股东与经营者的合谋。在某些情况下，少数控股股东倾向于受到经营者投资行为的影响（Morck等，2005），即控股股东与经营者合谋，以至于引起大股东与中小股东之间的利益冲突。杨水利（2001）使用灰色评价模型对10家国有企业的经营者业绩进行了评价，发现我国上市公司中大股东和经营者合谋侵占中小股东利益的现象是比较普遍的。当大股东与经营者之间的利益一致时，企业有可能出现投资过度，也可能出现投资不足，但多数是投资过度（罗进辉等，2008；窦炜等，2011；唐跃军，2014），因为在大股东与经营者共同终极控制公司以谋取私人收益的情况下，只要新的投资项目能够使大股东充分受益，企业就会做出接受投资项目的决策，而不管这个项目的现金流入现值之和是否大于现金流出现值之和。

第三，信息不对称带来的逆向选择行为。资本结构理论指出，当大股东比外部投资者掌握了更多企业信息时，为了降低自身风险，理性的股东和债权人都不愿意向企业注入资金，此时必要报酬率提高（Myers，1984；Myers和Majluf，1984；Frank和Goyal，2004）。由于大股东无法达到债权人要求的必要收益率，不得不放弃某些投资项目，从而引起投资不足。同时，如果理性债权人预期到股东的风险转移动机，这种道德风险导致的逆向选择行为会进一步导致必要投资率提高带来的投资不足。

何源、白莹和文翘翘（2007）根据产权理论、公司价值及代理理论构建了理论模型，是为数不多的通过建模研究大股东行为对公司投资决策影响的文献。文章通过一个简单的大股东—中小股东委托代理模型，分析出如果企业不存在负债资本，控制性大股东为达到私有收益最大化的目的，更易出现过度投资，从而损害公司价值和中小股东的利益。文章中的模型为本书提供了如何设定解释变量的参考，尤其是控制变量的选择。同样是大股东行为导致的投资过度模型，窦炜等（2011）转换了研究思路，从控制权配置的视角研究了大股东绝对控股、多个大股东共同控制以及大股东属性（国有、非国有）各自对公司投资效率的影响。模型推导结果显示，大股东控制下的企业不管其表现出投资过度还是投资不足，都是大股东追求控制权私有收益的动机在企业投资行为之中的体现。因此在研究中可以定义一个新变量，同时为其赋予一个临界值，临界值两边分别表示投资不足和投资过度。本书在实证分析中就借鉴了这一做法。

相对于建模方法，多数研究者还是采用了回归模型进行研究，核心问题是对因变量投资效率的度量。在针对公司投资效率的早期研究中，研究者主要通过采用公司业绩变量或公司价值变量作为企业投资的替代变量进行研究并得出结论。由于公司价值或业绩取决于很多影响因素，而不单单是投资效率这一项，因此这样处理得出的结论总会产生一定的偏差（窦炜等，2011）。

近期文献中研究者主要借鉴的是 Richardson（2006）在研究投资过度与自由现金流量时所使用的方法，以影响企业理想投资的因素作为自变量建立多元回归方程，方程估计值即为正常投资水平，回归模型的残差值就可以作为投资过度或投资不足的代理变量。罗进辉、万迪昉和蔡地（2008）将 Richardson 度量投资效率的指标定义为企业实际投资水平与适度投资水平之差。作者用企业当年的长期投资、短期投资、在建工程和工程物资四项会计指标之和代表实际投资水平，将企业的适度投资水平看作是该企业成长机会的增函数，在实证中利用主成分因子分析法从企业的主营业务收入增长率、市净率、总资产增长率、净利润增长率四个反映企业成长性的会计指标中构造出企业的成长机会综合函数。这种度量投资效率的方法比较简单，但是与 Richardson 的研究存在一些差异。并且，Richardson 将预期投资定义为企业的成长机会、融资约束、行业关系和其他因素的综合反映，并不只取决于成长性一项因素。

相比之下，刘星、安灵和 Benjamin Tai（2010）度量投资过度和投资不足的模型更贴近Richardson的原始模型。Richardson的原始模型为：

$$I_{NEW,t} = \alpha + \beta_1 V/P_{t-1} + \beta_2 Leverage + \beta_3 Cash_{t-1} + \beta_4 Age_{t-1} +$$
$$\beta_5 Size_{t-1} + \beta_6 Stock\ Returns_{t-1} + \beta_7 I_{NEW,t-1} +$$
$$\sum Year\ Indicator + \sum Industry\ Indicator$$

窦炜、刘星和安灵使用的模型为：

$$INV_t = \alpha_0 + \alpha_1 FCF + \alpha_2 Q + \alpha_3 Profit + \alpha_4 Growth +$$
$$\alpha_5 Size_{t-1} + \alpha_6 Lev + \alpha_7 Age + \alpha_8 Stock\ Returns +$$
$$\sum Year + \sum Ind + \varepsilon$$

二者在影响预期投资水平的指标选取上略有差异，但都将影响因素滞后了一期。

（3）对公司利润分配决策的影响。研究者分别从"现金股利的'利益输送'作用"和"股东对股利偏好的差异"两个方面讨论了大股东行为对利润分配决策产生影响的原因。

刘峰、贺建刚（2004），袁振兴、杨淑娥（2007），唐跃军（2009）等均对现金股利对大股东的利益输送行为进行了研究。肖星等（2002）指出，我国存在大股东控制的企业往往采用派发现金股利的方式对中小股东进行掠夺，如果大股东无法从自由交易中实现资本收益，现金股利将成为他们唯一的投资收益来源。因此，大股东产生了对现金股利的强烈追求，导致投资不足，降低了企业价值。我国大多数上市公司需要大量资本投入，面临现金短缺，在这种情况下，现金股利实际上增加了资本成本。

Yi-Hua Lin（2010）指出，股东对股利偏好的差异产生于两个方面：股票的流动性和股东属性。股权分置改革之后，国有股、法人股可以在二级市场进行交易，但在限制时间内仍然不允许买卖，作为国有股大股东和法人股大股东以资本利得方式取得股票收益就很困难，因此更偏好于现金股利。与非流通股股东不同，作为流通股股东的个人投资者没有动力和能力参与公司治理，因此将寻求短期内出售股票获得资本收益而非长期依靠现金股息收入获得投资收益，他们对股利的偏好正好与大股东相反。除了股票流通性，股利偏好还受到股东身份的影响。DeAngelo(2000)、Faccio等（2001）、Maury和Pajuste（2002）均发现，控股股东属性对股利政策有显著影响。Yi-Hua Lin（2010）的实证研究结果显示，国家所有权和现金股利偏好之间显著正相关。相反，个人所有权越多，现金股利占股息总额的比重就会越小。此外，为什么对资本需求量很大的企业依然会派发高现金股利，一个重要原因是，我国《上市公司证券发行管理办法》规定，增发股票之前最近三年以现金或股票方式累计分配的利润不少于最近3年实现的年均可分配利润的30%。在本条例的规定下，大多数公司持续派发现金股利以达到通过增发股票产生额外资金的目的。

相关文献主要采用了三种方法研究大股东行为对利润分配决策的定量影响：案例分析、理论模型推导和回归模型，其中，多元回归模型是应用最广泛的一种研究方法。刘峰、贺建刚（2004）通过典型案例分析对大股东利用"高派现"实施隧道挖掘行为的现象进行了研究。袁振兴和杨淑娥（2006）将理论模型推导和回归模型相结合，通过最优化目标函数的一阶条件和二阶条件，提出三个命题，抽取来自沪市2001~2004年进行过现金股利分配的584家上市公司的1241个现金股利分配事件作为样本，通过回归模型验证了模型推导出的结论。使用回归模型进行分析的关键是如何确定大股东派现偏好的替代变量。大部分研究者选用了绝对指标和相对指标相结合的方式，即分别使用现金股利的绝对指标和相对指标作为因变量与解释变量建立模型。唐跃军选取了CCD（派发的每股现金股利）这一现金股利派发的绝对数指标和Rccd（现金股利比率）这一相对指标作为被解释变量。阎大颖在定义解释变量时，除了以上两个被解释变量之外，还选取了二元离散变量 $DIVAT_i$。$DIVAT_i$表示i公司在第t年度实施了分红方案且每股税后净股利不小于0.005，反之则$DIVAT_i=0$，使用这一指标以判断公司进行现金股利派发决策时受到哪些因素影响。

1.2.3 大股东行为的治理研究

中小股东无法克服"搭便车"心理，只能依靠大股东的力量来监督经营者，在放弃对经营者监督权的同时，中小股东也不可避免地忍受大股东对他们的利益侵占。之所以要对大股东行为进行治理，其目的就是要降低代理成本，在"大股东—经营者—外部投资者"框架下建立一种稳健的利益制衡机制，保证公司运作的正常进行和资本市场的健康发展。

已有文献主要从以下两个方面对大股东行为的治理进行了研究：

第一，外部治理机制——对中小股东的法律保护。法律视角是公司治理领域近40年发展的自然延续。大量研究已经证明对中小股东实施有效的法律保护能够抑制大股东实施侵害行为，投资者保护程度与大股东侵害行为之间存在负相关关系，法律越健全，大股东实施侵害行为的难度越大，私有收益就越少。La Porta（2000）认为，投资者法律保护体系不仅能够阻止控制性股东和经理人的掠夺行为，而且是决定股权结构、公司治理、资本市场的宽度与深度、投资效率的重要因素。

我国司法体系中几乎没有具体的法律法规条文保护中小股东利益不受到大股东行为的侵害，对中小股东法律保护力度的薄弱造成了我国大股东与中小股东之间的矛盾非常突出。高雷、宋顺林（2007）认为，如果中小股东的利益能够得到法律的充分保护，大股东通过侵害性行为侵占上市公司价值和中小股东合法利益的现象将受到更多限制，法律对投资者的有效保护降低了股东和管理者之间的代理成本。与之相对应，周中胜（2007）则指出上市公司所处的法律环境与股东代理成本之间没有显著相关的关系。

第二，内部治理机制——加强股权制衡。目前，研究者对于股权制衡对公司价值的影响尚未达成一致。绝大多数研究者认同股权制衡在大股东侵占行为治理中的作用，如Pagano和Roell（1998）、Gomes（2001）、Henrik Cronqvist和Mattias（2001），徐向艺和张立达（2008）、刘星和安灵（2010）；但也有极少数研究者得出了相反的结论，即股权制衡度对公司价值存在负面影响，如朱红军和汪辉（2004），赵景文和于增彪（2005），徐莉萍、辛宇和陈工孟（2006）等。

一般认为，存在多个大股东的上市公司，由于多个大股东成员有着互不相同的私人利益，最终目标并不完全一致，即他们获取私人收益的信息具有不对称性（申尊焕，2005），在决策时，多个大股东会进行讨价还价，从而产生一种制衡机制，这就使得大股东集团在涉及有可能侵害公司和中小股东价值的决策时，由于意见分歧而无法实施，从而大大降低了大股东实施侵害行为的概率，这就是Gome和Novaes（2001）提出的"讨价还价效应"。这一观点意味着大股东之间的制衡会部分地解决委托代理问题。另外，Bloch（2001）等的模型表明，当公司中不是"一股独大"而是存在多个大股东时，各个大股东之间就会形成竞争关系，此时，为了赢得其他股东对自己的支持，大股东就会更加合理地应用手中的控制权，从而降低了由于大股东追求控制权私有收益而产生的价值损失。Volpin（2002）

以意大利上市公司为样本，比较了有多个大股东的上市公司和只有一个大股东的上市公司，发现前者公司价值显著高于后者。Maury 等对芬兰上市公司进行的实证研究表明，在一定范围内，公司价值与大股东数量成正比。

如何对大股东的行为进行规制，最常用的方法是博弈分析，无论是内部治理还是外部治理，均离不开这种方法。

申尊焕（2005）从大股东之间的竞合关系角度研究了公司制衡机制对大股东侵占行为的治理作用。作者使用纳什均衡模型，得出结论：相对于大股东之间的竞争，大股东之间的合作更容易实现。这一研究结果意味着大股东之间的合作关系是进行大股东内部治理的重要因素。章新蓉、杨璐（2009）虽然也是大股东治理的内部机制研究，但是与申尊焕的研究相比，其研究重点发生了变化。文章不再探讨其他大股东对第一大股东的制衡机制，而是利用大股东间的不完全信息动态博弈方法分析了其他大股东采取共谋或监督行为时对大股东行为治理效果的影响，从而构建了大股东的最优持股比例。作者认为，大股东成员持股比例最好大致相近，不要相差太大，此时大股东之间相互牵制，容易形成有效的制衡机制。曹玉贵和杨忠直（2005）将股东作为一个群体，不再进一步划分控股股东、其他大股东、中小股东，分析了股东对代理人的监督的公共性及对经营者监督的不足。这一研究虽然针对的是第一类委托代理关系，但是作者在分析股东监督不足时使用的 D-W 函数也可以作为我们解决第二类委托代理问题的工具。同样，激励监督模型作为目前常用的第一类委托代理问题的分析工具，是否也可以在某些假设前提下应用于第二类委托代理问题，是可以进行深入研究的。

宋小保和刘星（2009）将外部投资者归为一个种群，将大股东单独归为另一个种群，为了解析上市公司治理中大股东侵占与外部投资者监督的博弈过程，在分析外部投资者与大股东不同策略下各自的成本与收益的基础上，应用演化博弈理论研究了双方的博弈关系，以此为依据找寻优化大股东行为的路径。宋小保将外部投资者作为大股东侵占行为外部治理机制的突破口，而金颖和唐德善（2010）则选择了企业外部监管机构作为大股东的博弈对象。通过构造大股东和外部监管机构的收益矩阵，找到了这一模型的纳什均衡解，进而从降低控股股东控制权、现金流权的分离程度，加强公司内部治理机制监督作用的发挥，加强中小股东利益保护和强化外部监管约束四个方面提出了规制大股东行为的建议。

1.2.4 国内外相关研究评价与启示

综上所述，公司治理领域研究者对大股东行为进行了大量研究，未来的研究可以从以下四个方面进行突破：

（1）将大股东行为对公司财务决策的影响与产业部门相结合。鲜有研究者将大股东行为对公司财务决策的影响与产业部门相结合，与农业发展状况相结合的几乎没有。股权结构状态依存特性差异，很大程度上取决于上市公司所处行业的特征。由于各行业的特点不同、竞争的激烈程度不同，研究者选取不同的行业，也会得到不同的结果，有的截然相反，正如施东晖（2004）在研究中发现的，"所有权结构对公司绩效的影响可能是状态依存的，它取决于行业的竞争程度"。

农业对土地和自然环境的强烈依赖性、生产的周期性和季节性决定了农业上市公司的股权特征与治理现状均呈现出与非农上市公司不同的特点。国内已有的研究分析均表明：股改后虽然农业上市公司股权集中度有所下降，但是国有股"一股独大"现象仍相当普遍，在股权结构中国有股占比非常高，国有股股东是大多数农业上市公司的唯一大股东。另外，管理层持股的公司少，且持股比例较低，管理者根据劳动合同领取固定薪水，薪酬水平不与企业的经营绩效直接挂钩。"一股独大"的国有股权的产权缺陷，放大了内部的委托代理问题，使农业上市公司无法提升公司治理效率，形成有效的内外部公司治理制度，也无法避免大股东对公司价值和中小股东合法利益侵害行为的发生。

虽然已有研究在大股东行为对公司财务决策的影响上已得出一些有价值的结论，但是这些结论并不统一，原因之一是研究者所选样本来自不同行业，致使研究结论对行业特征产生依赖。如果能将研究过程与行业特征相结合，将增强研究结论的统一性、针对性、适用性。

（2）关注公司各种治理机制之间的交互作用。已有研究大多仅仅关注大股东行为本身与公司融资、投资、利润分配决策的相关性，侧重于讨论单个治理机制对公司财务决策的影响，忽略了各种治理机制之间的相互作用。大股东通过股权优势控制股东大会，那么，董事会、监事会、经营者价值取向各不相同，大股东能否利用自身的控制力使公司做出有利于自身的财务决策？上市公司的财务决策能否反映大股东本身的价值取向？大股东是直接影响公司财务决策还是通过其他治理机制间接影响公司决策？两种影响的程度各自是多少？这些问题还有待进一步验证。

（3）注意实证研究中变量的选取规则。在对大股东行为经济后果的实证研究中，学者们选择了不尽相同的解释变量，哪些变量应该进入模型，总是会或多或少造成参数绝对值甚至符号产生差异。因此，在解释变量的选取上也应尽量避免随意性。

如前文所述，研究者们在进行实证分析时选用的解释变量并不完全相同，归纳起来主要涉及以下几个方面：

第一，股权集中度指标。这类指标反映的是大股东持股比例。常用的指标有第一大股东持股比例、第二大股东持股比例、第三大股东持股比例、第四大股东持股比例、第五大股东持股比例、前两大股东持股百分比之差、前五大股东 Herfindahl 指数等。

第二，股权制衡度指标。这类指标反映其他大股东对第一大股东的监督、制约能力。常用的指标有第二大股东持股比例/第一大股东持股比例，第二和第三大股东持股比例/第一大股东持股比例，第三大股东持股比例/第一和第二大股东持股比例，第二至第五大股东持股比例/第一大股东持股比例，第三至第五大股东持股比例/第一和第二大股东持股比例等。

第三，大股东属性。这类指标主要反映大股东的性质，即是否是国有股。国有控股上市公司往往与非国有控股上市公司的行为方式存在一些差异。

第四，管理者持股。这一指标反映管理者持股股数与上市公司股份总额的比率。

第五，董事会治理。董事会代表的是股东的利益，这类指标主要用于反映董事会效率对大股东行为的影响。常用的指标有独立董事比例、董事长与总经理是否二职合一等指标。

第六，其他控制变量。控制变量基本上不会对因变量和自变量的关系产生逆转性的影响，但是也不是任意一个都可以作为控制变量进入模型。研究者常用的控制变量主要有：公司规模指标、负债水平指标、所属行业指标、上市时间指标、盈利能力指标等。当然，为了满足不同研究目的，选取什么、如何选取，规则也是不尽相同的。

（4）对大股东违规行为惩罚力度的定量研究。前人在研究中普遍提出应加大对违规大股东的惩罚力度、增加对中小股东的赔偿，但是对于赔偿额度应该怎样确定、什么类型的赔偿是有效的却少有研究。在上市公司中，大股东只是持有比中小股东更多的股权份额，与公司之间不存在明确的委任关系，这是大股东与经营者和董事的根本区别。但是，这并不能否定大股东对于公司负有的诚信义务，正是由于大股东股权的绝对优势而在公司中奠定了巨大影响力，从而决定了大股东在对公司负有诚信义务的同时，对中小股东也负有合理运用公司控制权的义务。因此，有必要将大股东和中小股东放在同一法律框架中，对相关法律法规中惩罚力度予以量化。

1.3　研究主题与研究目标

1.3.1　研究主题

本书选择以农业上市公司为样本，仅以大股东行为对上市公司融资、投资和利润分配这三大财务决策的影响为研究主题，定位于大股东以侵占动机形成的偏好对以上财务决策结果的影响。

大股东治理是现代公司治理的核心问题之一，对于提升公司绩效起着重要作用。大股东行为多种多样，可以是侵害，也可以是支持，对公司的影响也是多方面的，这就决定了大股东行为对上市公司价值的影响是一个非常宽泛的研究课题，对其进行全面而系统的研究并不是一篇论文所能够完成的，需要通过研究主题确定研究范围。本书选择大股东行为对公司财务决策的影响这一落脚点作为研究主题。

财务预测、财务决策、财务预算、财务控制、财务分析和财务考核共同构成财务管理方法体系，其中财务决策为事前管理，既是财务预测的延续，又是编制财务预算的依据，处于承上启下的重要地位，贯穿企业财务管理的始终，对于以企业价值最大化为终极目标的上市公司来讲，只有确定了效果好并切实可行的决策方案，财务活动才能取得令人满意的效益，才能完成财务管理目标，因此财务决策被称为现代企业财务管理的核心。企业基本财务决策有融资决策、投资决策和股利分配决策：融资决策解决资金来源，分析安排资本结构；投资决策影响长期资本的使用程序和利用效率；股利分配决策会对下一周期的融资和投资效率产生影响。不同水平的决策会带来不同的现金流量及风险，但都会影响到企业价值的大小。任何一项财务决策的做出都必须以实现企业价值最大化为最终目标，每一项财务决策的执行都会对企业价值产生影响，可见，财务决策与企业价值有着紧密的联系，可以说，企业价值就是在财务决策的制定和执行中实现的。因此，在众多关于大股东行为如何影响公司价值的研究视角中，本书选择了以上研究主题，这一研究将财务决策作为大股东影响企业价值的中间桥梁，借助于对财务决策的影响挖掘大股东侵占公司价值的内因。

1.3.2　研究目标

本书的研究目标是：在清晰界定相关概念和理论的基础上，探究大股东行为对我国农业上市公司财务决策产生影响的原因和路径，寻找到制衡大股东行为的关键因素，以便为公司治理的完善提供理论参考和实务指导。

1.4　全书结构与研究方法

1.4.1　论文结构

本书围绕"大股东行为对农业上市公司财务决策的影响"这一主题展开研究，为了实现研究目标，有关内容分七部分安排。

第一部分，导论。介绍本书的选题背景、研究意义、研究目的、研究方法和内容框架等。

第二部分，相关概念界定与研究的理论基础。清晰界定了农业上市公司、大股东行为、企业财务决策等基本概念；以2007~2015年35家农业上市公司为样本，使用描述统计方法对我国农业上市公司的基本特征和股权特征进行了分析，以特征分析为基础对实证分析结果赋予合理的经济解释；界定了本书的研究范围，即只研究以我国农业上市公司为例，大股东偏好对上市公司三大财务决策活动的影响；梳理了大股东行为的基本理论，这些理论是指导本书进行后续路径研究、实证分析和规制研究的基础和依据。

第三部分，大股东行为对上市公司财务决策的影响机理分析。对我国农业上市公司财务决策影响的原因及路径进行研究：第一，大股东侵害行为发生的原因分析，研究包括股权集中带来的大股东与中小股东之间的代理问题，以及由于利益不一致、股东享有的有限责任而形成的大股东与债权人之间的冲突；第二，侵害行为的路径，以结构方程模型为工具，发现了大股东实施的直接侵占，以及通过其他治理机制的间接侵占。

本部分的重点是大股东行为对公司财务决策影响的路径分析，文章中不仅讨论了单个治理机制对公司财务决策的影响，而且兼顾了各种治理机制之间的相互作用。

第四部分，大股东行为对上市公司财务决策影响的实证分析。分别研究了大股东行为对农业上市公司的融资方式偏好、投资效率以及现金股利分配比率产生影响的具体方式，均采用了提出假说、验证假说的研究范式。

第五部分，上市公司大股东行为的制衡因素分析。分为内部制衡因素分析和外部制衡因素分析两部分，由于二者的实施主体不同，因此分别使用博弈模型和激励监督模型，找到了优化大股东及其他利益相关者行为的影响因素和途径。

第六部分，政策启示。将上述路径分析、实证分析和制衡因素分析的研究结论落到了政策层面，做到有据可依。

第七部分，结论与展望。梳理本书的主要研究结论，对未尽研究进行展望。

1.4.2　技术路线

以上结构可分为三部分，分别是"提出问题""分析问题""解决问题"。

（1）提出问题。通过分析大股东和中小股东效用函数的不同、大股东侵害行为产生的动机以及我国农业上市公司的发展现状，提出通过优化股权结构，规范大股东行为是一条有效提高农业上市公司经营业绩的途径。确定了研究领域，即"我国农业上市公司大股东行为对财务决策的影响研究"。

（2）分析问题。这是本书的主体部分。在总结前人研究和清晰界定相关概念、理论的基础上，将我国农业上市公司不同于非农业上市公司的独有特征与大股东对公司财务决策的影响相结合，使用结构分析法找寻到大股东施加影响的路径，一方面找到了大股东实施侵害行为的证据，另一方面为实证分析奠定了基础。

（3）解决问题。以路径分析和实证分析的结论为基础，利用博弈模型和激励监督模型分别对大股东行为的制衡因素进行了分析，提出政策建议，以规范大股东的行为，提高公司绩效向公司价值转化的效率。

本书技术路线图如图1-1所示。

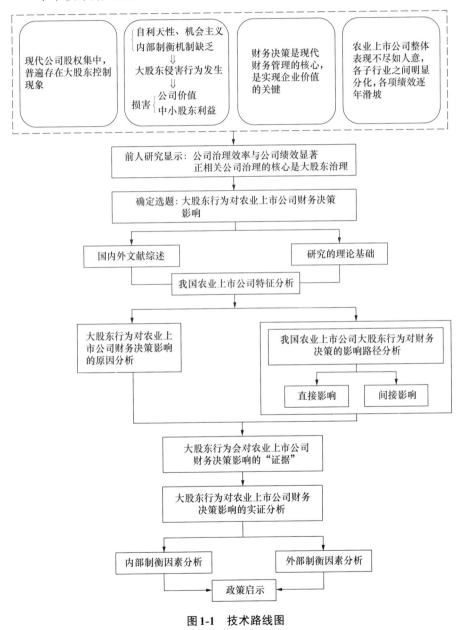

图1-1　技术路线图

1.4.3 研究方法

为了实现以上研究目标，本书采用了以下研究方法。

1.4.3.1 文献研究法

分类阅读有关大股东行为、大股东对上市公司财务决策的影响，股权结构对公司价值影响的文献，共搜索相关专著7本，论文、调查报告156篇。涉及的文献内容有两类。①专著类：博弈论、信息经济学、计量经济学、新制度经济学、现代公司治理理论、多元经济统计方法。②论文及调查报告类：大股东行为特征及其对公司价值的影响研究，大股东博弈、大股东行为对公司财务决策的影响，股权集中度与公司价值关系论，股权制衡度与公司价值关系论等。使用文献研究法整理思路，并形成文献综述。

1.4.3.2 定量分析法

定量分析法是以统计学、数学、运筹学等学科知识为基础，利用数据建立模型，使用模型计算分析现象之间的数量特征和数量关系的一种方法。使用定量分析法可以使人们对研究对象的认识趋向于精确化，能更加深刻和准确地揭示事物发展规律和事物之间的内在联系。根据对现有大股东行为对公司财务决策及公司价值影响相关理论和文献的总结归纳，使用结构方程法探究大股东行为对农业上市公司财务决策产生影响的路径。使用多元回归法将样本数据分别带入大股东行为与公司融资偏好、投资效率、股利派发政策等多元回归模型中，结合农业上市公司的股权特征，发现规律、验证假说。

（1）结构方程法。结构方程法（Structural Equation Modeling，SEM）是目前社会经济研究领域常用的定量研究方法，是基于变量的协方差矩阵来分析变量之间关系的一种统计方法，所以也称为协方差结构分析，是一种非常通用的、主要的线性统计建模技术。它融合了传统多变量统计分析中的"因素分析"与"线性模型之回归分析"的统计技术，对于各种因果模型可以进行模型辨识、估计与验证（吴明隆，2010），广泛应用于社会经济领域。在社会科学研究中，有时候会遇到需要同时处理多个自变量、多个因变量的情况，在这些变量中还会存在不可直接观测的潜变量，以上这些问题，使用单纯的统计方法和计量经济学方法往往都无法达到研究目的，而结构方程法则可以实现以上研究过程，这一优点使结构方程法越来越多地被应用到多元数据分析中，成为研究者计算和验证模型的重要工具。

结构方程法之所以快速普及，是由于它具备以下特点，使其在使用过程中更便于处理统计学方法和计量经济学方法无法直接处理的问题。

1）传统统计、计量方法模型一般只允许设定一个因变量，但是社会科学领域研究对象的复杂性决定了往往需要设定多个因变量，一个自变量会同时与不同的两个或更多个因变量产生因果关系。例如，学习主动性既能影响学习成绩又能影响学习效率。结构方程模型中，允许出现多个因变量，在模型拟合时对所有变量的信息都予以考虑，可以增强模型的有效性。

2）传统统计、计量方法模型都不允许自变量存在观测误差，即自变量必须可观测、可控制，因变量要求可观测，但允许观测误差的存在。在社会科学领域研究中，很多模型设定的自变量无法直接观测，结构方程模型通过为这样的变量设定观测变量解决了这一问题，加强了模型的适用广度和对实际问题的解释力。

3）相对于传统的统计方法，结构方程法是一种可以将测量与分析整合为一的计量研究技术。它可以同时估计模型中的测量指标、潜在指标，不仅可以在估计测量过程中指标变量的测量误差，也可以评估测量的信度与效度（吴明隆，2010）。

结构方程法常用的软件有 LISREL 和 AMOS 两种，本书使用的是 AMOS 分析软件。AMOS 是 Analysis of Moment Structures 的简称，能验证各式测量模型、不同路径分析模型；也可以进行多群组分析、结构平均数的检验，单群组或多群组多个竞争模型或选替模型的选优（吴明隆，2010）。AMOS 软件的功能虽然不如 LISREL 软件强大，但它是 SPSS 家族系列之一，以 SPSS 格式建立的数据文件在 AMOS 中可以直接打开，二者完全互通；软件中的绘图和参数值的估算都以图像钮为工具，不需要编程，使用者只要熟悉工具箱图像钮的使用，即可快速设置参数、绘制各种假设的模型图，操作起来非常简单，AMOS 的功能完全可以满足绝大多数社会科学领域研究课题的需要。

结构方程模型中主要包括三个矩阵方程式：

$$x = \Lambda_x \xi + \delta \quad \text{①}$$
$$y = \Lambda_y \eta + \varepsilon \quad \text{②}$$
$$\eta = B\eta + \Gamma\xi + \zeta \quad \text{③}$$

其中，方程式①和方程式②称为测量模型，方程式③称为结构模型。结构方程模型中涉及的变量及其名称如下：

x 和 ξ 均为外生变量，x 为外生观测变量向量，ξ 为外生潜变量向量。在很多社会、心理研究中涉及的一些变量，如员工素质、服务态度、智力水平等都不能准确、直接地加以测量，这种变量称为潜变量（Latent Variables）。Λ_x 反映外生观测变量与外生潜变量之间的关系，是外生观测变量在外生潜变量上的因子载荷矩阵，δ 为外生变量的误差项向量。

y 和 η 均为内生变量，y 为内生观测变量向量，η 为内生潜变量向量，Λ_y 反映内生观测变量与内生潜变量之间的关系，是内生观测变量在内生潜变量上的因子载荷矩阵，ε 为内生变量的误差项向量。

B 和 Γ 都是路径系数，B 表示内生潜变量之间的关系，Γ 表示外生潜变量对于内生潜变量值的影响，ζ 为结构方程的误差项。

（2）多元回归分析法。回归分析是指对具有相关关系的现象，根据其关系形态，选择一个合适的数量模型，用来近似地表示变量间的平均变化关系的一种统计分析方法，这一数量模型称为回归方程式。它实际上是相关现象间不确定、不规则的数量关系的一般化、规则化。采用的方法是配合直线或曲线，用这条直线或曲线代表现象之间的一般数量关系。回归模型需要根据所研究的问题设定因变量和自变量，通过回归分析可以找出某一现象有哪些影响因素，总结各因素对结果的影响规律。

经济问题中的客观现象错综复杂，影响因变量的自变量可能有多个，只有起主导作用的自变量和非主导作用的自变量之分。因此，为了全面测定和评估，就需要将一个因变量和多个自变量联系起来进行分析与推算，这样建立的模型就是多元回归模型。多元回归模型可以表示为：

$$y = \beta_0 + \beta_1 x_1 + \beta_2 x_2 + \cdots + \beta_k x_k + \mu$$

多元回归模型与一元回归模型相比，计算上更复杂，本书使用SPSS（Statistical Product and Service Solutions）统计分析软件进行分析。

定量分析法适用于"大股东行为对上市公司财务决策的影响机理分析"和"大股东行为对上市公司财务决策影响的实证分析"。

1.4.3.3 定性分析法

运用归纳与演绎、分类与综合、抽象与概括等方式，在清晰界定农业上市公司、大股东行为、企业财务决策等概念的基础上，将委托代理理论、信息不对称理论、公司治理理论、博弈论进行思维加工，认识大股东行为的本质，揭示内在规律。这一方法的研究目的有两项：第一，探究我国农业上市公司股权集中度、股权制衡度等方面有何特征，这些与一般上市公司不同的特征又会导致大股东行为在程度、影响路径上产生哪些异于已有研究结论之处，如何使用相关结论对其进行合理解释。第二，发现大股东行为、股权结构究竟对公司财务决策及公司价值有无影响，影响的方式是怎样的。

定性分析法适用于"相关概念界定与研究的相关理论""大股东行为对上市公司财务决策的影响机理分析"和"上市公司大股东行为的制衡因素分析"。

在写作中将定性分析法和定量分析法相结合，运用定性分析法提出命题，运用定量分析法予以论证，具体体现在以下两点：

（1）用定量分析法进行参数估计，进行统计拟合优度检验；根据参数估计的符号、绝对值等定量信息，使用定性分析法对模型的经济拟合优度做出判断，并给出参数估计的经济解释。

（2）用定量分析法计算出博弈模型的均衡点或稳定点，对其影响因素求偏导数，找到优化博弈双方行为的路径；使用定性分析法提出对大股东行为进行有效治理的对策建议。

1.5　主要创新点

（1）本项研究通过一个对大股东的激励监督模型，将第二类委托代理关系纳入这一模型中进行定量分析，寻找到了能够优化大股东行为的有效机制。

在已有公司治理研究中，激励监督模型只应用在第一类委托代理关系中，虽然大股东在身份上只是出资额比较高，与中小股东没有本质区别，但是本书分析发现，大股东的控制权削弱了中小股东对公司事务的管理权力，并且形成由大股东代替中小股东实施监督权和管理权的局面，从法律义务来看，大股东负有对中小股东的诚信义务。二者符合激励监督模型的要求。

（2）本项研究将大股东和中小股东放在同一委托代理的法律框架中，通过定量研究给出了对大股东侵害行为处罚力度的量化参考，提高了对大股东的处罚精度。

前人在研究中普遍提出应加大对违规大股东的惩罚力度，增加对中小股东的赔偿，但是对于赔偿额度应该怎样确定，什么类型的赔偿是有效的却少有研究。本书通过法经济学中的"惩罚系数"模型对这一问题进行了补充。

2 相关概念界定与研究的理论基础

本部分对本书涉及的概念进行清晰界定，在此基础上确定研究范围，并梳理大股东行为的基本理论。这些概念和基本理论是指导本书进行后续路径研究、实证分析和规制研究的基础和依据。

2.1 农业上市公司

2.1.1 概念

农业是人们利用太阳能，依靠生物的生长发育来获取产品的社会物质生产部门（李秉龙和薛兴利，2010），属于第一产业。农业的生产对象是有生命的生物体，获取的产品是动植物本身，包括粮食作物、经济作物、饲料作物和绿肥等农作物，农业活动就是获取以上生物体的生产活动。《中国大百科全书》将广义农业的外延界定为种植业、林业、畜牧业、渔业、副业五种产业形式，将狭义农业界定为种植业。农业是支撑国民经济建设与发展的基础产业，担负着国家粮食安全、环境保护、促进社会经济发展、保持社会稳定等多项功能，农业是人类生存和发展之源，是人类的"母亲产业"，更是我国国民经济的基础，在人类进步和社会发展中始终扮演着重要角色。农业的特点可以用以下几点进行概括：

第一，土地的特殊重要性。土地对于农业生产具有不同于其他产业部门的特殊重要作用，土地不仅为农业生产提供场所，同时还是农业生产的劳动对象和劳动资料，具有不可替代性。土地既是动植物所需养料和水分的直接来源，又为动植物的生长发育提供环境条件，无论是土地的质量还是数量都制约着农业生产的发展水平。在实际中，我们很难在短期内改变土地的数量和质量。首先，土地的数量是有限的，这受限于一个国家和地区的国土资源数量；其次，土地的质量是劳动者长期劳作以及土壤本身长期演化的结果，人们可以通过水利建设、保护改造、施加肥力等方式局部改变土地的适宜性和生产潜力，但是限于土地所处的位置不可改变这一客观性，短期内土地的质量不可能发生本质性的提升。土地对农业生产的重要作用和土地本身的特点就决定了农业不可随意对生产规模进行扩大或改造。

第二，自然环境的高依赖性。农业自然环境是指影响农业生物生存和发展的各种天然的和经过人工改造的自然因素的总体，包括农业用地、用水、大气、生物等，是人类赖以生存的自然环境中的一个重要组成部分，由气候、土壤、水、地形、生物要素及人为因子所组成（陈英旭，2007）。不同自然环境导致了各地区具有不同的气候、地形、土壤和植被等自然条件，从而形成各地独特的农业生产类型、品种、耕作制度和栽培管理技术。因此，农业生产具有强烈的区域化特征，农业生产社会分工不仅表现为生产过程的分工，更表现为生产地域的分工。农业对自然的高依赖性使农业具有了以下特点：①抗御自然风险能力差，供给不稳定；②基础设施投资需求量大，投资回报率低；③经营分散、规模小，集约化程度低。

第三，生产的周期性和季节性。农业生产的周期取决于动植物的生长周期，通常长达数月甚至若干年，农业生产者无法通过加班加点提前完成，或人为改变其生产顺序。同时，农业生产的长周期又具有相对性，因为生产者的劳动时间在整个农业生产周期中只占一小部分，具有比较集中的特点。这一特点决定了农业生产的季节性，农业生产者的劳动时间、农业资金的筹集和支出、农业产品的供给和储藏等均具有一定的不均衡性。农业生产的周期性和季节性决定了农业具有以下特征：①生产周期长，供给调整滞后于市场；②不仅承受市场风险还要承受自然风险。这些特点在以农产品为主要劳动对象，从事农、林、牧、副、渔业等生产经营活动的农业企业中会有所体现。

农业上市公司的本质就是农业企业，界定农业上市公司的定义之前首先要明确什么是农业企业。侯文铿等（2001）指出，"农业企业是指从事种植业、养殖业或以其为依托，农工商综合经营，实行独立核算和具有法人地位的农业社会经济单位。"按照这一观点，农业上市公司的外延应该界定为从事农林牧渔业，且经相关部门审批在证券交易所公开挂牌交易的农业企业。

1993年7月2日第八届全国人民代表大会常务委员会第二次会议通过了《中华人民共和国农业法》（以下简称《农业法》），并于2002年12月28日第九届全国人民代表大会常务委员会第三十一次会议进行了修订，经中华人民共和国主席令第八十一号公布后，自2003年3月1日起施行。《农业法》在总则中清晰界定了什么是农业，什么是农业生产经营组织，国家对农民权益的保护，以及农业在我国国民经济发展中的基础性地位。《农业法》指出，"农业，是指种植业、林业、畜牧业和渔业等产业，包括与其直接相关的产前、产中、产后服务。""农业生产经营组织，是指农村集体经济组织、农民专业合作经济组织、农业企业和其他从事农业生产经营的组织。"《农业法》并没有提及农业上市公司这一概念。

农业上市公司是农业生产力水平和商品经济有了较大发展，资本主义生产关系进入农村以后的产物。20世纪90年代中后期，为了解决国有农业企业遇到的困境，促进农业产业化升级，国家有关部门通过特批或利用各省上市指标，批准一些农业企业上市。2012年3月，为提高农业组织化程度、加快转变农业发展方式、促进现代农业建设和农民就业增收，加快发展农业产业化经营，做大做强龙头企业，国务院向各省、自治区、直辖市人民政府，国务院各部委、各直属机构下发了《国务院关于支持农业产业化龙头企业发展的意见》，这是国务院针对农业产业化发展下发的第一个全面系统的指导性文件，作为全面落实的措施，农业部表示要大力支持符合条件的农业企业上市。农业上市公司是改变我国农业企业"大而不强"现状，在工业化、城镇化深入发展中同步推进农业现代化的关键。

理论界对"农业上市公司"并未做出统一的描述。《简明农业词典》对农业上市公司的定义是："农业上市公司是以经营农业生产为主的、实行独立核算的经济单位……按经营业务范围的不同，可分为若干类型，如以生产农产品为主的各种专业化和综合性企业，农产品生产、加工、运输、销售结合在一起的农工商联合企业，以及其他直接为农业生产服务的服务性企业等。"1992年12月22日财政部颁布实施的《农业企业财务制度》在第一章总则第二条指出，"农业企业是从事种植业、养殖业或以其为依托,农、工、商综合经营,实行独立核算和具有法人地位的农业社会经济组织单位。包括:全民所有制、集体所有制、私营、外商投资等各类经济性质的企业;有限责任公司、股份有限公司等各类组织形式的企业。"虽然《农业企业财务制度》并未对农业上市公司这一概念进行界定,但其对农业企业的定义已经明确了农业上市公司的主要经营范围、性质和组织形式。中国农业大学经济管理学院杨秋林教授(2002)指出,"我国的农业企业很大部分是农垦企业,在目前的改制过程中,农垦企业的经济活动内容复杂:它既是一个企业,同时也是一个社区,既具有企业的功能,也具有政府的一些职能;它的经济活动既有统一经营活动,也有农业生产承包户——家庭农场的生产经营部分,还有社区事业部分"。这说明农业企业的经营范围可能是比较复杂、多样的,农业上市公司同样具备以上特征,从经营范围上来看,农业上市公司应该主要从事农、林、牧、副、渔业等经营活动。

综合上述几种观点和论述,本书对农业上市公司给出的定义为:

农业上市公司是指从事农、林、牧、副、渔业等生产经营活动,或以其为依托,从事农、林、牧、渔服务业,所发行的股票经过国务院或者国务院授权的证券管理部门批准在证券交易所上市交易的股份有限公司。

1999年4月制定,2012年修订的《上市公司行业分类指引》是证监会通用的行业分类标准,该标准确定农业上市公司的依据为:以上市公司营业收入等财务数据为主要分类标准和依据,当上市公司农业类业务的营业收入比重大于或等于50%,则将其划入农业上市公司;当上市公司没有一类业务的营业收入比重大于或等于50%,但农业类业务的收入和利润均在所有业务中最高,而且均占到公司总收入和总利润的30%以上(包含30%),则该公司归属农业对应的行业类别;不能按照上述分类方法确定行业归属的,由上市公司行业分类专家委员会根据公司实际经营状况判断公司行业归属,归属不明确的,划为综合类。截至2015年12月31日,在我国境内上市的农林牧渔业板块共有44家公司。按照《上市公司行业分类指引》对农业上市公司的确认标准,本书对上述44家上市公司的主营业务收入按照行业进行分类,并计算各行业或者子行业的主营业务收入所占比重,如表2-1所示。

表2-1　农林牧渔业板块上市公司

代码	简称	所属区域	主营业务收入（万元）	农业类主营业务收入（万元）	农业类主营业务收入占比（％）
600506	香梨股份	新疆	1946.59	1946.59	100.00
600108	亚盛集团	甘肃	101495.35	82945.62	81.72
300189	神农基因	海南	510389.38	510389.38	100.00
601118	海南橡胶	海南	344780.42	344780.42	100.00
300087	荃银高科	安徽	14250.34	14250.34	100.00
600371	万向德农	黑龙江	14070.46	14070.46	100.00
600467	好当家	山东	50311.89	26878.59	53.42
600354	敦煌种业	甘肃	130305.28	96166.83	73.80
000735	罗牛山	海南	67881.49	23701.19	34.92
300094	国联水产	广东	99658.05	99658.05	100.00
600359	新农开发	新疆	48805.02	9522.68	19.51
002447	壹桥海参	辽宁	7816.62	4155.52	53.16
002041	登海种业	山东	72963.24	72963.24	100.00
000713	丰乐种业	安徽	52466.97	20960.73	39.95
000798	中水渔业	北京	20589.48	13716.71	66.62
600540	新赛股份	新疆	15725.72	9033.93	57.45
300106	西部牧业	新疆	33641.73	26251.12	78.03
002069	*ST獐岛	辽宁	133036.53	40243.55	30.25
600265	*ST景谷	云南	3452.38	3452.38	100.00
002696	百洋股份	广西	85778.15	2787.79	3.25
002458	益生股份	山东	79709.20	79015.73	99.13
000592	平潭发展	福建	38728.73	21628.09	55.84
600975	新五丰	湖南	80298.94	41218.78	51.33
300143	星河生物	广东	25857.42	25857.42	100.00
600965	福成股份	河北	67169.72	39941.17	59.46

代码	简称	所属区域	主营业务收入（万元）	农业类主营业务收入（万元）	农业类主营业务收入占比（%）
002086	东方海洋	山东	35570.14	18677.88	52.51
002505	大康农业	湖南	170928.01	11241.58	6.58
002321	华英农业	河南	185491.31	185491.31	100.00
600598	北大荒	黑龙江	148512.50	127512.83	85.86
002299	圣农发展	福建	657179.94	657179.94	100.00
600257	大湖股份	湖南	34091.02	20580.75	60.37
002234	民和股份	山东	64543.47	59005.64	91.42
600097	开创国际	上海	30534.07	25047.10	82.03
002477	雏鹰农牧	河南	361894.05	252891.56	69.88
000998	隆平高科	湖南	84639.86	84639.86	100.00
300313	天山生物	新疆	24686.80	21307.18	86.31
002679	福建金森	福建	3749.46	3749.46	100.00
002200	云投生态	云南	46022.33	989.48	2.15
200992	中鲁B	山东	43068.59	4525.07	10.51
600313	农发种业	北京	220915.14	189122.15	85.60
002714	牧原股份	河南	228293.36	228293.36	100.00
002772	众兴菌业	甘肃	26527.58	26527.58	100.00
002746	仙坛股份	山东	175543.92	7074.42	4.03
300498	温氏股份	广东	2757613.51	2757613.51	100.00

资料来源：证券之星数据中心。

从表2-1中可以看出，除罗牛山、新农开发、丰乐种业、*ST獐岛、百洋股份、大康农业、云投生态、中鲁B和仙坛股份外，其他35家农林牧渔业板块上市公司的农业类主营业务收入占比均在50%以上。罗牛山的农业类主营业务收入占比虽然未达到50%，只有34.92%，但其利润占比36.34%，且在各行业中占比最高，无论主营业务收入占比还是利润占比均

超过总额的30%，符合界定农业上市公司的标准，将其保留。丰乐种业、
*ST獐岛虽然农业类收入和利润占比均超过30%，但农业类并非所有业务
中占比最大项目，将其删除。新农开发、百洋股份、大康农业、云投生
态、中鲁B、仙坛股份农业类主营业务收入或利润占比均未同时达到30%
的最低要求，将其删除。由于ST股票和*ST股票经营指标会出现异常，给
样本数据带来极端值，因此将表2-1中的ST股票公司去除，将*ST景谷删
除。最终确定的我国农业上市公司共计35家。

2.1.2 特征分析

农业在我国三大产业中最大、最重要，是国民经济的基础，农业的发
展状况直接左右着国民经济全局的发展。农业上市公司是农业企业较高层
级的组织形式，也是资本市场上资本运作的重要载体。农业上市公司与生
俱来承担着带动农业产业化升级和增加农民收入、提高农产品质量、保障
人民身体健康的社会责任。下面本书就以选定的35家农业上市公司为样
本，从"规模特征""财务特征""公司治理特征"三个方面，对其2007~
2015年的特征进行分析。

（1）规模特征分析。表2-2显示，从总资产来看，2007~2015年，我国
农业上市公司的规模在逐渐扩大，这与我国2004~2015年连续12年将中央
一号文件聚焦农业有关。尤其是2013年以来，中共中央、国务院将推进农
业发展主题定位深化农村改革、加大创新力度、加快发展现代农业，为农
业增强了新的活力，这使得A股中农业板块充分受益，规模稳步增长。从
净资产规模来看，也呈现出与总资产发展相同的趋势。在规模逐步扩大的
同时，如图2-1显示，各农业上市公司之间规模的波动性也在增强，这与
最大值与最小值之间的极差变化趋势一致，这说明各农业上市公司之间规
模上的离散程度越来越明显。

截至2015年12月31日，我国农业板块上市公司仅占境内2827家上市
公司总数的1.59%，比例很小。在上市公司53.13万亿元的总市值中，农业
上市公司只占据整个市场的0.5293%。沪深两市上市公司2015年年报整体
分析报告显示，第一产业农、林、牧、渔营业收入和净利润持续下滑，下
滑速度快于2014年同期。综上所述，我国农业上市公司规模在逐年增加，
但是从行业总体情况来看，无论总资产、净资产还是盈利能力无疑距离沪
深两市上市公司的均值有很大差距，整体规模偏小。

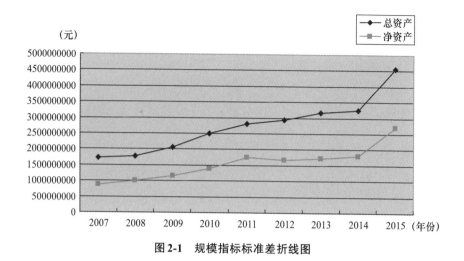

图 2-1　规模指标标准差折线图

表2-2　农业上市公司总资产、净资产规模　　　　　单位：元

2015年				
规模指标	最大值	最小值	均值	标准差	中位数
总资产	32734965600.12	296284660.42	4565190128.26	5760561614	2917947154.37
净资产	23029638716.65	274186174.36	2702306411.52	3965348434	1628834309.78
主营业务收入	48237369754.91	53865834.04	2945278927.78	8088676409	963181720.15
2014年				
总资产	12267763116.29	287788533.28	3250580778.54	2836852306	2256877956.86
净资产	9101772179.34	271810496.46	1814057330.05	1782684549	1373230311.30
主营业务收入	11198671739.10	111809729.71	1629427462.79	2160980490	943535924.20
2013年				
总资产	13852429951.54	303535270.15	3177413274.17	3111850959	1826902776.48
净资产	9208822664.50	288473213.36	1719674185.19	1754278405	1256831271.15
主营业务收入	11694732913.16	82656575.60	1748041564.80	2476527818	996313767.09
2012年				
总资产	15696307762.11	330850867.92	2950406871.45	3222208314	1802694805.95
净资产	9194176499.66	284384406.42	1682660755.94	1800269792	1139335215.08
主营业务收入	13605393995.36	60753142.42	1799023253.34	2982124365	835557345.17

续表

2011年					
总资产	18002472210.28	328065664.81	2820398722.52	3537189517	1945131139.14
净资产	9202766534.76	288692916.45	1789724460.73	1917809796	1234594950.81
主营业务收入	13333152202.92	138353270.03	1703935065.02	2876321625	921091416.60
2010年					
总资产	17904665176.36	331992370.70	2508410700.23	3660968999	1518679473.32
净资产	8317814605.84	282629043.64	1420356914.76	1684359481	1017221725.83
主营业务收入	9227687397.56	61386474.51	1245377464.70	1885199831	653427651.01
2009年					
总资产	11981814996.18	351592025.29	2070903053.00	2484359396	1565507023.12
净资产	5199527335.19	279511134.53	1179301496.64	1115907612	897983134.72
主营业务收入	6521953199.48	23080338.15	1020119039.34	1321080270	665333771.06
2008年					
总资产	10193213012.28	400371973.62	1826735209.86	2185068303	1184680902.28
净资产	4933363412.90	251081455.03	1038599544.93	1068564290	713956554.95
主营业务收入	5610025153.25	21393799.06	951054340.70	1181793980	653654761.38
2007年					
总资产	10498379327.29	176565070.86	1726543348.66	2321039290	997376971.04
净资产	4309718568.35	143133702.85	889104338.08	979994485	622779978.15
主营业务收入	5434203752.79	189250.00	799732409.15	1192635652	546072561.87

资料来源：证券之星数据中心。

（2）财务特征分析。表2-3列示了2011~2015年我国农业上市公司样本财务特征的描述性统计。本书利用表2-3的分析结果研究样本的盈利能力、偿债能力、资产营运能力、发展能力。

表2-3 农业上市公司财务特征

财务特征指标	年份	均值	最大值	最小值	中位数	标准差
每股收益	2011	0.27	0.84	−0.79	0.30	0.3148
	2012	0.16	0.73	−0.64	0.11	0.2886
	2013	0.04	1.43	−1.11	0.06	0.4414
	2014	0.07	0.81	−1.99	0.08	0.4527
	2015	0.07	1.71	−1.43	0.06	0.5492
每股净资产	2011	4.08	10.63	1.41	3.53	2.3182
	2012	3.37	5.39	1.21	3.39	1.1834
	2013	3.39	5.93	1.26	3.40	1.3117
	2014	3.35	8.05	1.34	3.15	1.4537
	2015	3.47	9.78	1.13	2.90	2.0024
每股经营性现金流	2011	0.26	1.79	−0.96	0.14	0.6773
	2012	0.32	2.43	−0.96	0.16	0.6487
	2013	0.11	1.78	−3.85	0.13	0.8530
	2014	0.38	2.09	−1.02	0.09	0.7029
	2015	0.34	2.57	−1.07	0.31	0.6718
净资产收益率	2011	7.11	22.05	−35.57	7.63	10.1185
	2012	4.65	19.58	−15.85	4.23	8.1057
	2013	1.46	24.17	−43.04	3.61	13.2742
	2014	0.03	19.01	−95.71	2.98	20.9587
	2015	−2.46	20.86	−124.69	1.78	25.0479
净利率	2011	12.56	48.15	−15.38	9.23	12.6931
	2012	9.04	43.24	−15.52	4.84	13.3043
	2013	3.27	37.53	−65.64	5.69	20.6602
	2014	2.36	42.36	−97.24	4.52	22.9114
	2015	0.99	42.92	−68.59	4.30	22.4182

财务特征指标	年份	均值	最大值	最小值	中位数	标准差
毛利率	2011	25.24	64.14	−0.45	22.60	15.0942
	2012	23.54	73.63	0.73	21.30	17.6018
	2013	19.66	73.36	−34.02	19.77	20.2123
	2014	22.66	70.88	−0.24	16.61	18.4870
	2015	21.48	68.38	−37.59	19.57	21.5048
营业利润率	2011	10.27	45.49	−18.55	9.59	13.7736
	2012	5.95	43.41	−22.33	1.70	14.0205
	2013	−0.06	38.86	−66.43	2.16	21.3650
	2014	−1.23	41.66	−98.30	0.24	22.7130
	2015	−3.60	42.97	−73.90	0.60	24.4772
资产负债率	2011	0.32	0.66	0.04	0.27	0.1752
	2012	0.37	0.66	0.08	0.33	0.1674
	2013	0.41	0.68	0.05	0.41	0.1752
	2014	0.42	0.66	0.06	0.44	0.1644
	2015	0.40	0.82	0.07	0.38	0.1744
流动比率	2011	3.53	26.81	0.73	2.46	5.0370
	2012	2.80	13.29	0.75	1.74	2.8504
	2013	2.78	28.18	0.30	1.53	4.8278
	2014	2.35	14.09	0.35	1.51	2.6020
	2015	2.50	10.89	0.17	1.57	2.6663
应收账款周转率	2011	40.32	422.14	3.90	20.53	76.1015
	2012	24.93	174.80	3.53	14.54	30.7783
	2013	18.72	93.71	0.00	14.37	17.9512
	2014	23.30	228.26	0.00	12.54	39.8693
	2015	40.88	492.25	0.00	12.94	93.8868

续表

财务特征指标	年份	均值	最大值	最小值	中位数	标准差
存货周转率	2011	4.23	40.94	0.32	1.80	7.3456
	2012	3.21	22.59	0.17	1.61	4.1607
	2013	2.75	11.65	0.08	1.55	2.6863
	2014	2.67	10.36	0.07	1.52	2.5856
	2015	2.60	9.65	0.08	1.62	2.2917
总资产周转率	2011	0.60	1.86	0.19	0.56	0.3448
	2012	0.58	2.18	0.18	0.46	0.3995
	2013	0.51	1.41	0.15	0.47	0.2836
	2014	0.49	1.49	0.14	0.45	0.2862
	2015	0.47	1.24	0.13	0.40	0.3045
净利润增长率	2011	0.24	3.91	−7.63	0.31	1.8844
	2012	−0.86	2.92	−20.24	−0.15	3.8084
	2013	−2.57	8.08	−37.34	−0.39	9.2698
	2014	−1.32	2.98	−19.69	−0.7360	3.6601
	2015	−3.41	6.43	−45.22	−0.32	9.1927
销售增长率	2011	0.32	1.39	−0.04	0.22	0.3561
	2012	0.16	1.22	−0.56	0.10	0.3229
	2013	0.09	1.02	−0.41	0.03	0.3353
	2014	0.06	0.71	−0.46	0.0138	0.2573
	2015	0.06	1.05	−0.52	0.04	0.3173

资料来源：证券之星数据中心。

第一，从盈利能力来看，每股收益、每股净资产、净资产收益率、净利率、毛利率和营业利润率近四年总体上均呈现出下降趋势（如图 2-2 所示），尤其是盈利能力核心指标每股收益和净利率比较明显。每股收益在 2011~2013 年的增长率分别为−40.74％和−75％，不仅数量上呈现出下降趋势，下降的速度也越来越快，虽然在近两年止住了下降势头，但是0.07的绝对水平还是比较低的。说明近年来农业上市公司的整体质量有所下降，公司盈利水平不断下滑，治理效果的显著性在降低。净利率近五年连年下降，增长率分别为−28.03%、−63.83%、−1.72%、−58.05%，四年降幅接近或超过30个百分点，说明我国农业上市公司的盈利能力相当差，整体股票表现令人担忧。以上指标标准差相对较大，各农业上市公司盈利能力的离散型较明显，说明虽然有个别公司的盈利能力远远优于其他公司，但是总体状况并不尽如人意。

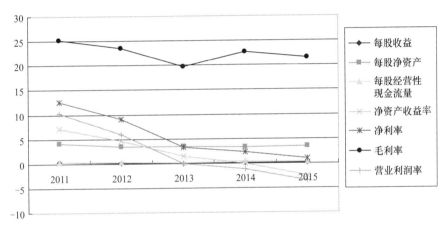

图2-2　盈利能力指标趋势图

第二，从偿债能力来看，长期偿债能力指标资产负债率一直保持在38%左右，比较稳定，且均低于45%，这说明近年来我国农业上市公司资本结构比较合理，资本市场没有出现大的波动，与实际情况相符合。短期偿债能力指标流动比率从2011年开始，数值均在2以上，根据经验数据，流动比率达到2时短期偿债能力是比较理想的。以上两项偿债能力指标均说明我国农业上市公司的偿债能力是比较令人满意的。但同时我们也应该看到，资产负债率和流动比率两指标各年的标准差均比较大，这说明国家近几年的惠农政策尤其是对农业企业的融资支持在某一部分农业上市公司中已显现出成效，但并没有让所有农业上市公司受益，国家相关政策的惠及面有待进一步提高。

第三，从资产营运能力来看，应收账款周转率、存货周转率和总资产周转率均逐年下降，如图2-3所示。资产周转率体现了企业在经营过程中对资本保值增值的能力，资产周转速度越快，获利能力越强，资本增值就越快。在资产营运能力分析中，应收账款周转率和存货周转率是两个基本衡量指标，而总资产周转率则度量企业整体的资产质量。图2-3显示，总资产周转率和存货周转率下降幅度较小，变动趋势比较稳定，表明样本公司利用其资产进行经营的效率没有发生显著变化。在三项资产周转率指标中，只有应收账款周转率变化显著，由于大部分农业上市公司属于资金密集型或劳动密集型企业，应收账款周转率对其至关重要。应收账款周转率的逐年降低体现了公司存货压力的增大以及授予经销商更多的授信额度，当公司有新的销售机会或者需要重新购置固定资产时，可能出现现金不足，影响投资效益。在激烈的市场竞争中，公司经营不善通常会导致资产的周转速度变缓，资产利用效率下降，如不及时改善，将造成经营风险的提高，使公司在市场竞争中处于劣势。以上三项资产周转率的变化趋势表明，我国农业上市公司资产管理策略制定不合理，资产营运效率不高，这又将对盈利能力、偿债能力带来负面影响，陷入恶性循环。

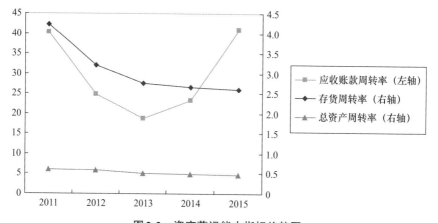

图2-3　资产营运能力指标趋势图

第四，从发展能力上来看，图2-4显示，销售增长率各年比较稳定，净利润增长率波动幅度很大。我国农业上市公司的销售增长率表现较好，整体而言，各年平均销售增长率均大于零，公司销售规模在稳步增长。在销售总额逐年稳步增长的同时，净利润并没有表现出令人满意的业绩，2012~2015年连续出现不同程度的下滑。从影响因素看，2008年金融危机爆发后，国外需求持续不足，而我国农业企业多以劳动密集型为主，出口受到限制，导致净利润率大幅下滑。2010年之后，随着全球经济刺激计划的陆续出台以及我国四万亿投资政策的效果显现，我国经济逐步触底回升，农业企业发展又面临一个新的战略机遇期，呈现总体较快发展趋势。2011年以来，欧债危机爆发并持续蔓延深化，拖累全球经济复苏步伐；国内劳动力成本持续上涨，大豆、棉花等大宗原材料波动加大，融资难、融资贵现象十分突出，加之人民币升值对以出口为主的企业造成较大影响，导致农业企业销售增长率和净利率增长率连续下滑，并在低位运行。总体来看，金融危机、欧债危机等外部风险反复冲击，国内生产成本高企，以及人民币汇率等因素是农业上市公司销售率和净利润率变化较大的主要影响因素。

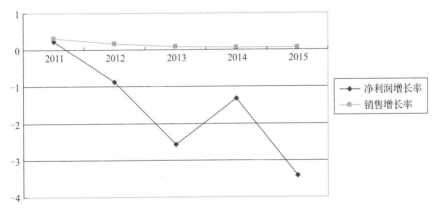

图2-4　发展能力指标趋势图

（3）公司治理特征分析。

1）股权结构分析。第一大股东持股比例、前五大股东持股比例和H指数均可以从不同侧面反映出农业上市公司的股权集中程度。从第一大股东持股比例来看，我国农业上市公司大股东一股独大的现象普遍存在。2011~2015年的五年间，第一大股东持股比例的均值均高于30%，本书第二部分将持股比例达到或者超过30%的股东定义为控股股东，由此可见农业上市公司股权集中程度以及第一大股东对公司财务决策的影响程度都是非常明显的。2011~2015年，第一大股东持股比例均值在33.67%~37.3063%，标准差在35.19~37.695，均变化不大，这说明第一大股东（或者控股股东）的影响力没有发生大的变化，从2014年开始，略有降低趋势，但不明显。这一点与H指数对股权集中度和前五大股东持股比例的反映是一致的。

从Z指数来看，2011~2015年的均值分别为8.8024、15.5126、16.4425、23.8538和12.0832，数值均比较大。尤其是从2012年开始，Z指数连续呈现上升趋势，2014年达到顶峰，说明第一大股东与第二大股东的力量差异越来越大，第一大股东的优势也越来越明显，第一大股东对公司及财务决策的控制能力在增强。2011~2015年Z指数的标准差分别为5.5454、6.4185、7.1788、7.184和3.6989，变化比较小，说明第一大股东的控制力比较平稳（见表2-4）。

表2-4　农业上市公司治理特征

股权结构指标	年份	均值	最大值	最小值	中位数	标准差
第一大股东持股比例（%）	2011	36.9310	72.9800	8.7700	266.2168	37.6950
	2012	37.3063	72.9800	8.7700	286.5315	37.0400
	2013	37.2991	72.9800	10.9200	301.4496	37.5400
	2014	36.2159	70.3200	10.9200	266.8184	37.6950
	2015	33.6700	70.3200	2.3700	298.5627	35.1900
前五大股东持股比例（%）	2011	51.9037	77.8400	18.2100	263.5527	55.6400
	2012	51.0659	76.6800	18.8200	251.9326	57.0850
	2013	51.0821	97.5500	20.2800	305.6695	50.5400
	2014	49.9776	83.8800	20.2800	282.3164	49.8250
	2015	47.8203	77.6700	8.7800	290.8843	50.7400
Z指数[1]	2011	8.8024	36.4900	1.2456	74.4230	5.5454
	2012	15.5126	111.2727	1.2456	556.6618	6.4185
	2013	16.4425	114.5357	1.2456	716.1462	7.1788
	2014	23.8538	229.0714	1.2456	2288.1322	7.1840
	2015	12.0832	139.4348	1.0821	590.1264	3.6989
H指数[2]	2011	2588.6976	5853.7801	227.7081	2326155.6595	2862.3176
	2012	2558.6799	5725.9489	246.4900	2309602.3678	2669.8581
	2013	2606.0664	8820.9664	289.0000	3428869.0925	2086.6624
	2014	2419.4376	5595.0400	289.0000	2314946.7163	2274.8245
	2015	2262.2540	5694.2116	36.8449	2187173.0601	2160.3904

[1]Z指数用第一大股东持股比例与第二大股东持股比例之比表示。
[2]H指数全称为Herfindahl指数(赫芬达尔指数)，用前三大股东持股比例的平方和表示。

续表

股权结构指标	年份	均值	最大值	最小值	中位数	标准差
董事会总人数	2011	8.7333	15.0000	5.0000	3.4437	9.0000
	2012	8.5938	11.0000	5.0000	2.3135	9.0000
	2013	8.3333	12.0000	5.0000	2.6667	9.0000
	2014	6.9412	14.0000	1.0000	8.4813	7.0000
	2015	6.9143	12.0000	1.0000	5.0807	7.0000
独立董事人数	2011	3.2667	5.0000	2.0000	0.4092	3.0000
	2012	3.2188	5.0000	2.0000	0.3700	3.0000
	2013	3.0606	5.0000	0.0000	0.7462	3.0000
	2014	2.4118	5.0000	0.0000	1.8859	3.0000
	2015	2.7429	4.0000	0.0000	1.1966	3.0000
独立董事比例（%）	2011	0.3776	0.4444	0.3333	0.0018	0.3750
	2012	0.3775	0.5556	0.3333	0.0026	0.3636
	2013	0.3711	0.6000	0.0000	0.0098	0.3636
	2014	0.3336	0.6667	0.0000	0.0313	0.3485
	2015	0.4073	1.0000	0.0000	0.0376	0.4000
国有股（%）	2011	18.6807	76.2300	0.0000	588.9873	2.4250
	2012	18.3806	76.9900	0.0000	554.9661	2.9900
	2013	19.5382	76.1000	0.0000	623.7717	2.2000
	2014	18.3585	75.0000	0.0000	567.5324	4.1250
	2015	17.0529	72.3000	0.0000	540.7826	2.3500

资料来源：国泰安 CSMAR 数据库、证券之星数据中心、和讯网数据中心。

2）农业上市公司内部控制分析。我国上市公司董事会规模由各公司具体章程规定，2011~2015 年各农业上市公司董事会人数基本没有变化，独立董事人数也很稳定，各年均值从 2.4118 到 3.2667。证监会于 2001 年 8 月下发的《关于在上市公司建立独立董事制度的指导意见》明确规定上市公司必须建立独立外部董事制度，要求"在 2002 年 6 月 30 日前，董事会成员中应当至少包括 2 名独立董事；在 2003 年 6 月 30 日前，上市公司董事会成员中应当至少包括 1/3 独立董事。"近六年来，我国农业上市公司独立董事比例均在33%以上，达到了证监会关于设置独立董事的要求。因此，从机构设置上来看，我国农业上市公司的内部控制机制的建立还是比较完善的。

3）股东属性分析。2011~2015年，我国农业上市公司的国有股比例在17.0529%~19.5382%，国有股比例在各年的均值均已达到大股东的确认标准，且各年变化不大。各年国有股比例最大值均在72.3%以上，国家法人完全控制着这些上市公司的运营过程，这是由于我国很多农业上市公司是由国有农场、农垦企业和国有农业企业改制而成的，上市之前100%由国家控制，这一股权结构在短期内很难改变。

综上所述，本书以2007~2015年样本数据为基础，对我国农业上市公司的规模特征、财务特征和公司治理特征进行了定量和定性分析，各项指标水平均令人担忧，应尽快通过公司治理效率的提高，尤其是其核心——对大股东行为的优化提高公司财务决策效率，提升公司经营绩效。农业上市公司的这些特征既有与非农业上市公司相似之处，又有其独特性，以上特征分析为本书接下来进行大股东侵占行为对农业上市公司财务决策的路径分析和实证分析奠定了基础。

2.2　大股东行为

2.2.1　大股东

研究大股东行为，首先要界定什么是上市公司大股东。股东是股份制公司的出资人或称投资人，股东持有股份公司或有限责任公司的股份，可以出席股东大会并就公司决策行使表决权，按照出资比例享有公司权利、承担公司义务。按照出资额比例不同，股东可以分为大股东和中小股东，二者同属于上市公司股东范畴。我国《公司法》并没有对大股东这一概念进行诠释，本法第一章总则第三条规定"有限责任公司的股东以其认缴的出资额为限对公司承担责任；股份有限公司的股东以其认购的股份为限对公司承担责任。"可见，大股东与中小股东的区分是相对的，二者之间没有绝对的界限，大股东的出资额多于中小股东，其承担的责任也更大。

研究者（Yves Bozec 和 Claude Laurin，2008；Yin-Hua Yeh Pei-Gi Shu

和 Re-Jin Guo，2008；陈德萍和陈永圣，2011；刘星和刘伟，2007）在进行大股东侵占行为的实证分析时往往采用股东持有的公司股权份额作为界定大股东的标准，以此标准界定第一到第十大股东，研究大股东对公司价值、公司经营的影响，以及大股东之间的博弈；La Porta 等（1999）、Faccio 和 Lang（2002）、Dahya 等（2008）、Maury（2006）、Laeven 和 Levine（2009）、贾怀京等（2002）在利用持股比例界定大股东时，均使用10%作为阈值，因为研究者们认为，如果低于这一比例，股东对所持公司的控制一般就很小。在某些上市公司中，有些股东的持股比例虽然未达到10%，但是由于其相对持股比例较高，也会对公司决策产生影响，对持股比例最高的股东形成制衡，在这样的情况下，也应将这类股东界定为大股东。

综上所述，本书给出的大股东定义为：大股东是指拥有股本10%及以上的公司股东，或者持股比例未达到10%但持股比例排名为前十位的股东。目前，我国的财经网站，如证券之星、雅虎财经、和讯财经等均采取以上划分标准。

评价公司价值时，大股东起着非常重要的作用。一方面，大股东作为一个独特的群体，对企业决策很敏感，而且具有对管理者监督的强烈动机，以保证企业价值增加，有助于降低股东与经营者之间的代理成本（Clifford，2008），提高公司价值。也就是说，大股东能够解决现代组织理论中的关键问题，即外部股东在监督经营者时遇到的困难。另一方面，由于大股东凭借投票权优势享有任命和监督管理者的权利，另一类代理冲突可能出现。Truong 和 Heaney（2007）补充说大股东有能力追求个人利益最大化、侵害中小股东。大股东的以上行为增加了股东之间的代理成本，降低了公司价值（Burkart Gromb 和 Panunzi，1997）。尤其是当大股东通过较少的现金流权即可对公司进行控制时，这种冲突可能会加剧。可见，大股东在上市公司运营过程中起着既"正面"又"负面"的双重作用，也就是"利益协同效应"（也称"激励效应"）和"堑壕效应"（也称"隧道效应"）并存。

与大股东相关的两个概念是第一大股东和控股股东。按照大股东持股比例的高低可以顺位划分出第一大股东、第二大股东、第三大股东……所谓第一大股东是指在所有大股东中持股比例最高的股东。《公司法》第十三章附则第二百一十七条定义的控股股东为："控股股东，是指其出资额占有限责任公司资本总额百分之五十以上或者其持有的股份占股份有限公司股本总额百分之五十以上的股东；出资额或者持有股份的比例虽然不足百分之五十，但依其出资额或者持有的股份所享有的表决权已足以对股东会、股东大会的决议产生重大影响的股东。"其中，拥有50%以上有表决权股份的控股股东为绝对控股股东；拥有股本所占的比例虽未大于50%，但根据协议规定拥有企业的实际控制权，或者相对大于其他任何一种经济成分的出资人所占比例的控股股东为相对控股股东。可见，控股股东这一概念是与"控制"联系在一起的，其在股东大会上对公司的重大决策及在选举董事时实质上都拥有绝对的控制权，这一现象也被实践所证实。控股股东一定是大股东，但是大股东并不一定是控股股东。仅就《公司法》来看，并没有清楚界定控股股东持有的股份标准，尤其是相对控股应该如何从数量上予以确认的问题，《上市公司章程指引》对此进行了补充。《上市公司章程指引》第四十一条规定，"控股股东"是指具备下列条件之一的股东：此人单独或者与他人一致行动时，可以选出半数以上的董事；此人单独或者与他人一致行动时，行使公司30%以上的表决权或者可以控制公司30%以上表决权的行使；此人单独或者与他人一致行动时，持有公司30%以上的股份；此人单独或者与他人一致行动时，可以以其他方式在事实上控制公司。综合上述两项法律条文，本书将持股比例达到或者超过30%的股东定义为控股股东。

很多研究者并不区分大股东、第一大股东和控股股东三个概念，有的在一篇文章中是将三者混用的。由于第一大股东对公司往往有实质控制权，加之本书既要研究有控制权的大股东对公司财务决策的影响，又要研究大股东之间的制衡机制对大股东行为的内部制衡机制，因此在本书中，不再严格区分第一大股东和控股股东，但是二者与其他大股东的含义是不尽相同的。

2.2.2 大股东行为

大股东行为是公司治理的核心问题。大股东占有上市公司较大股份，凭借表决权和控制力足以影响公司治理，他们能够通过投票权优势选举董事，任命经理层，改变企业的经营结构，借助股东提案及对代理权的争夺直接影响公司决策。大股东拥有对企业资产的使用、收益和处置权，可以按照自己的经营目的支配企业资产，可以有效控制企业的盈余分配，可以在二级市场上减持获利，还可以通过大规模的并购重组活动获得利益。可见大股东行为对公司的影响是多方面的，并且都会对公司价值产生影响。对这一问题的研究视角也具有多样性：大股东对中小股东的利益侵占（白云霞，2013；尹筑嘉等，2013；宋小保和刘星，2009等）、大股东支持上市公司行为（Friedman，2003；贺建刚和刘峰等，2004；王亮、罗党论和姚益龙，2010等）、大股东与中小股东的"共生"（杨松令，2009、2010），等等。大股东支持视角和大股东侵占视角并不矛盾，研究者认为，两种行为存在于同一个企业的不同时期，是对称和动态相关的，大股东实施支持上市公司的行为只是为了帮助他们控制的企业摆脱暂时的财务困境，使自己今后可以在公司运营中捞取更多隐性收益，或者说大股东的"支持行为"只是为未来更好地"侵占"取得权利，支持是暂时的，背后的侵占则是长期的。大股东与中小股东之间的"共生"关系还处在初级研究阶段，或者说只是形成了一个比较完整的研究框架，诸如不同情况下股东会以何种模式共生，共生稳定平衡点如何应用到调节股东行为的研究中等问题，还需要进一步的研究工作予以解释说明。

从已有研究来看，上市公司中广泛存在大股东，由于大股东与中小股东目标函数不一致，加之大股东有着自利动机，就使得大股东对中小股东和公司价值的侵害行为特别突出，主要表现为内部人寻租、自身的财务决策偏好、内幕交易、操控股价等。侵害行为成为大股东行为的主要形式。

2012年1月7日发布并施行的《上市公司治理准则》第一章股东与股东大会第一条规定"股东大会、董事会的决议违反法律、行政法规的规定，侵犯股东合法权益，股东有权依法提起要求停止上述违法行为或侵害行为的诉讼。"从这一法律依据出发，本书选择大股东行为对中小股东和公司价值造成侵害这一视角，将这种侵害行为界定为一切侵犯股东合法权益、损坏公司价值的违法或违规行为。

2.3　公司财务决策

财务决策是对财务方案、财务政策进行选择和决定的过程，也就是在若干个可行性方案中选择最优方案的过程。企业在未来经营活动中会面临各种问题，各级管理人员需要做出各种有关经营战略、方针、目标、措施和方法的选择。在短期中，企业必须按照市场需求来决定生产什么、生产多少、如何组织生产、如何合理安排人财物、如何定价、如何控制成本；而在长期中，企业则需要对涉及未来发展方向、大政方针的全局性问题进行决策。可以说，财务决策贯穿于企业生产经营的始终。本书选择企业财务活动中最重要的三大决策——融资决策、投资决策和利润分配决策。

企业进行生产经营活动必须有必要的人力、物力、资金和信息等生产要素，以现金收支为主的企业资金收支活动就是企业财务活动（荆新等，2015）。融资、投资、利润分配均构成了企业财务活动的一个独立方面，一方面是物资的购入、消耗和售出，另一方面是资金的流入和流出，在企业财务活动中起重要作用。融资决策是企业财务活动的基础，它解决通过什么方式、在什么时间、筹集多少资金的问题，没有资金的融集，就没有资金的运用和分配。由于不同融资方式的资本成本不等，筹资风险不同，融资决策不仅影响企业的经营成本，而且关乎企业的经营风险。企业将资金投放于经营活动，以增加企业价值的行为称为投资，投资决策的核心是如何提高企业报酬。由于资金有限，投资于什么项目、何时投资、投资效率如何就成为投资决策需要解决的问题。企业在生产经营和对外投资过程中会产生利润，依法纳税、弥补亏损、提取盈余公积之后剩余的就是企业的可支配部分，这种由于利润分配产生的财务活动就属于利润分配活动的范畴。利润分配需要解决分配与积累之间的关系，积累过多，会引起投资者的不满，影响企业再融资；分配过多，又会造成大量资金流出企业，丧失良好的投资机会。可见，在企业经营过程中，以上财务决策是相互联系、相互关联的。任何一个环节的失误，都会造成对其他环节的不利影响。

2.4　研究的理论基础

2.4.1　委托代理理论

在现代市场经济中，委托代理关系（也称契约关系）是经济生活中非常普遍的现象，"存在于一切组织，一切合作性活动中，存在于企业的每个管理级上"（郑辉，2007）。委托代理关系源于法律与经济学两个范畴。从法律上讲，当甲授权乙代表甲从事某种活动时，委托代理关系就发生了，甲称为委托人（Principal），乙称为代理人（Agent）。从经济学上讲，委托代理关系泛指任何一种涉及非对称信息的交易，其中不掌握私人信息的一方被称为委托人，掌握私人信息的一方是代理人（陈钊，2010）。

最早对委托代理问题进行详细论述的是 Jensen（詹森）和 Meckling（麦克林），他们在1976年发表的论文 *Theory of the Firm: Managerial Behavior，Agency Costs and Ownership Structure* 中给出了委托代理关系的定义："我们定义委托代理关系为一种契约关系，在这一契约关系中，一个或多个人（委托人）委托另一个人（代理人）执行某项工作，同时委托人将一部分决策权转移给代理人。"在委托代理关系中双方都以追求自身效用最大化为目标的假设前提下，代理人就不会总是以委托人的利益最大化为目标。委托人可以通过付出对代理人的监督成本和建立适当的激励机制来解决二者之间的目标分歧，从而限制代理人的异常活动。此外，在某些情况下，委托人会支付约束成本以保证代理人不会采取损害委托人利益的行为，或者确保如果代理人已经采取了损害委托人利益的行为，代理人将会受到惩罚。然而，无论是委托人还是代理人都无法在零成本下确保代理人始终以委托人利益最大化为目的做出最优决策。因此，Jensen 和 Meckling 最早提出了代理成本这一概念，他们认为任何契约的制定和执行都不是无成本的，包括：①委托人监督成本，是指委托人监督、激励代理人以委托人利益最大化为目标而付出的代价；②代理人的担保成本，是指代理人用以保证不采取损害委托人利益的成本，以及如果代理人采取了以上行为而支付的赔偿；③剩余损失，是指代理人代表委托人行使决策权而产生的价值损失，等于代理人决策和委托人在假定具有与代理人相同信息情况下自行决策之间的效用之差（Michael C. Jensen 等，1976）。

在公司治理这一研究领域中，委托代理理论最早应用于解决经营者激励问题，也就是外部股东与经营者之间的委托代理关系。如果一家公司的经营者持有100%的股份，他在进行财务决策时一定以最大化自己的效用为目标。此时，经营者能够获得他通过努力工作而产生的全部收益，不仅包括金钱回报，而且包括他在创业活动中产生的非经济效用，例如员工专业水平的提高，员工的友谊、尊敬等。如果这个经营者将自己持有的一部分股份出售给外部股东，那么代理问题将由于经营者与外部股东之间目标的分歧而产生，因为此时，经营者与持股100%相比付出同样的劳动，但是他将只获得经济效益中的一部分。随着经营者持股比例的继续下降，他对收益的占有比例也会随之减少，这将激励他以在职消费等形式占用更多的公司资源。同时，外部股东也将更愿意消耗更多公司资源以监督经营者的行为。事实上，最重要的冲突随着经营者持有股份比例的下降而产生了，持股比例越低，经营者从事创造性活动的激励也就越少，努力工作的热情也逐渐减少。在企业价值最大化尤其是股东权益最大化财务目标下，经营者需要付出很多努力管理企业或学习新技术，由此产生的个人成本由经营者承担，而由此创造的收益除个人薪金之外却归股东所有，为了避免个人成本，经营者努力程度的下降将导致公司价值低于其可能达到的最大值。

可见，在委托代理分析框架中，委托人、委托代理人从事某项工作，由于委托人无法直接观察代理人的行动，代理人在受雇后可能会选择不利于委托人的行动，即承诺的不可验证性导致了代理人的道德风险，由此产生的代理人对委托人利益的影响称为委托代理风险。然而，委托人无法直接观察到代理人的行动只是产生委托代理风险的必要而非充分条件，其根源在于委托人与代理人之间的目标不一致（陈钊，2010）。如果委托人的目标也正是代理人希望实现的，那么即使代理人的行为不可直接观察，委托代理风险也不会产生。研究委托人如何有效激励监督代理人，减少委托代理风险的理论称为委托代理理论。正是由于委托代理风险的存在以及可能给委托人带来的损失，才更有必要设计一系列的激励监督机制来控制代理人的道德风险行为。这也是委托代理理论应用如此之广泛的原因。

2.4.2 信息不对称理论

委托代理问题是信息经济学的重要组成部分之一。信息经济学是非信息对称博弈论在经济学上的应用，因此，委托代理问题的发生实际上也是委托代理双方进行博弈的结果，而且这种博弈是在双方信息不对称的前提下进行的。理解信息经济学的不对称性有助于我们揭示委托代理问题的本质。从根源上讲，一方面，信息不对称是代理问题产生的前提条件，没有信息不对称，委托代理问题就不会产生；但是另一方面，信息不对称又不是委托代理问题产生的全部条件。因此，委托代理理论和信息不对称理论之间存在差异，但又是息息相关的。

信息不对称理论抛弃了新古典经济理论传统的完全信息假设，将所有的信息划分为公共信息和私人信息两种类型。公共信息也就是人人都能够观察到或能够掌握的信息（陈钊，2010），而与之相对应的私人信息就是指在订立契约或契约执行过程中一方清楚而另一方不清楚的信息（陈钊，2010）。所谓信息不对称，是指市场交易双方所拥有的信息不对等，一方比另一方占有较多的相关信息，处于信息优势地位，而另一方则处于信息劣势地位。在各种交易市场上，都不同程度地存在着信息不对称问题。很显然，信息不对称中的信息所指为私人信息，而非公共信息。张维迎（2011）指出，信息的非对称性可以从两个角度划分：一是时间发生的不对称性。按照不对称发生在当事人约定之前还是之后，可以将信息不对称分为事前不对称和事后不对称。事前不对称引起的是逆向选择问题，而事后不对称引起的则是道德风险问题。二是信息内容的不对称性。按照信息不对称的内容，可以将信息不对称分为参与人的行动不对称和参与人的知识不对称，前者称为隐藏行动，后者称为隐藏知识。将以上两种划分方法进行两两组合，信息经济学的所有问题都可以放在委托代理模型中予以分析，也就是说，只要交易双方存在时间上或内容上的信息不对称，就可以利用委托代理模型研究如何降低代理成本，减少代理人的"败德"行为。信息不对称的划分维度如表2-5所示。

表2-5　信息不对称的类型

类型		时间维度	
		订立契约前	订立契约后
内容维度	行动不对称	—	隐藏行动的道德风险
	知识不对称	逆向选择	隐藏知识的道德风险

从表2-5可以看出，研究信息不对称理论需从两个方面进行分析：一是对订立契约前逆向选择问题的分析；二是对订立契约后道德风险问题的分析。

（1）逆向选择。信息不对称理论的研究最早就是从分析逆向选择问题开始的，逆向选择问题是信息不对称理论研究的基本内容之一。20世纪70年代，美国加州大学伯克利分校的乔治·阿克洛夫（G. Akerlof，1970）通过观察二手车市场的效率损失问题，开创性地开始了对逆向选择问题的研究。在逆向选择问题中，代理人清楚自己的类型，但是委托人不知道，由于双方信息不对称，委托人只能根据市场上所有代理人类型的平均价值出价，由于高于平均价值的代理人很可能因为委托人出价过低而退出市场，直接后果是市场上剩余代理人类型的平均价值下降，从而降低了委托人对整个代理人价值的预期，这将促使委托人进一步降低出价，进一步促使价值相对较高的一部分代理人类型离开市场，以此反复下去。最终，拥有私人信息的代理人选择退出市场的现象就是逆向选择。要克服委托人在选择代理人时出现的逆向选择问题，信息经济学认为可以寻求一些具有信号传递或信号甄别功能的外部信息来对代理人进行客观评价。

（2）道德风险。当委托人选定代理人后，委托人希望代理人严格遵守契约完成任务，但是代理人并不一定按照委托人的要求工作，甚至刻意欺骗委托人，背离委托人利益最大化的约定，为自己寻求尽可能多的收益。道德风险问题产生于契约订立之后，也就是契约的执行过程中。委托人只能观察到某些可测的结果，而不能直接观测到代理人的行动本身，代理人是否选择了对委托人最有利的行动方案，委托人亦不得而知。

委托代理理论和信息不对称理论为人们分析、解决代理问题提供了有力的工具，在大股东行为研究中亦是如此。委托代理理论和信息不对称理论主要揭示了委托代理问题产生的充分必要条件，以及委托代理问题产生的后果，即代理人对委托人利益侵害，本书分析大股东与中小股东以及大股东与债权人之间由于信息不对称而产生的委托代理矛盾，正是这种矛盾的存在，产生了大股东行为对公司和中小股东的负面影响。以上理论是本书分析大股东实施侵害行为原因和后果的主要理论基础。

2.4.3　公司治理理论

公司治理（Corporate Governance），又称法人治理结构，是现代企业制度中最重要的组织架构。公司治理起源于所有权与经营权的分离，两权分离使投资者分散了投资风险，同时也让经营者能够从事更专业化的管理。但是同时，所有者和经营者之间又存在两个问题：第一，所有者与经营者的目标不一致。经营者追求自己的报酬、津贴收入、休闲时间、在职消费最大化，希望避免风险；而股东追求自己的财富最大化，希望提高股价、增加投资收益。第二，所有者与经营者存在信息不对称。经营者直接参与公司经营以及各项公司决策的分解实施，而股东难以直接观察或不能完全观察到经营者的行为。经营者为了实现自身目标很有可能牺牲股东的利益。以上两个问题导致委托代理问题的产生，并发生委托代理成本，当委托代理费用不可能通过制定合约予以解决，公司治理问题就必然在企业中产生（Hart，1995）。公司治理的核心就是在所有权和经营权相分离的情况下，如何降低委托代理成本。

布莱尔在 *Ownership and Control: Rethinking Corporate Governance for the Twenty-First Century* 一书中，分别从狭义和广义两个视角给出了公司治理的含义。狭义的公司治理是指有关公司董事会的功能、结构、股东的权利等方面的制度安排；广义的公司治理指有关公司控制权或剩余索取权分配的一整套法律、文化和制度性安排，这些安排决定公司的目标，谁在什么状态下实施控制、如何控制，风险和收益如何在企业不同的成员之间分配这一系列问题（徐向艺、谢永珍，2013）。大部分研究者赞同广义的公司治理含义（张维迎、梁能等）。可见，公司治理不仅涉及经营者与所有者之间的关系，还涉及所有者与相关经济利益主体之间的关系、所有者与所有者之间的关系，包括企业的员工、上游企业、下游企业、政府等。徐向艺等（2013）总结了研究者的经典理论和观点，指出公司治理应该包括以下五方面的内容：①公司治理的根源是所有权和经营权的两权分离。②公司治理是一种合同关系，以公司法和公司章程为依据，规范公司各利益主体的关系，约束他们之间的交易，降低交易成本。③公司治理结构是公司内部各机构的责权划分、制衡关系和配套机制等游戏规则构成的有机整体。④公司治理的关键在于明确而合理地配置企业内部利益相关者之间的权利、责任和利益，从而形成有效的制衡关系。⑤公司治理的本质是对公司控制权和剩余索取权分配的一整套法律、文化和制度安排。

公司治理结构是指公司治理内外部组织架构的设定以及它们之间的相关权利与利益关系。公司治理结构是公司的"神经系统"，关乎公司内部的权利划分，对公司能否合理协调各方利益，保证高效运转起到关键性的作用。公司治理结构一要协调股东与公司的利益关系，防止经营者出现内部人控制损害股东利益，妨碍公司长期稳定发展；二要协调公司内部各利益主体之间的关系，包括对经理层、员工层的激励，保证高管正确决策、员工努力工作。

公司治理结构的主要内容包括股东大会、董事会、监事会和经理层的组成及其相互权利与利益关系。如图2-5所示，股东大会由全体股东组成，是公司的最高权力机构和最高决策机构，除股东大会外，公司内设董事会、监事会、总经理等机构。董事会由董事组成，由股东大会选举产生，对内掌管公司事务、对外代表公司的经营决策，履行公司战略决策职能。监事会也由股东大会选举产生，以客观公正为原则履行公司纪律监督职能。监事会由股东大会选举的监事和公司职工民主选举的监事组成，是与董事会并列设置的内部组织。总经理由董事会择优选聘，履行公司经营管理职能，直接管理参与公司各项决策的分解实施和管理，是公司业务执行的最高负责人。

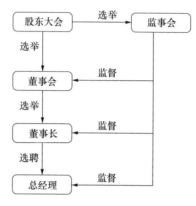

图2-5 公司治理结构图

以上为公司治理基本理论，其重点放在经营者与所有者之间的第一类委托代理问题上。事实上，经营者与所有者之间的委托代理问题只是公司治理委托代理问题中的一部分，大股东的出现确实有利于减轻这一类代理问题，但是研究者们也发现伴随着大股东的普遍存在，大股东与中小股东之间的委托代理矛盾更加突出。从公司经营决策的过程来看，董事会中内部董事占绝大多数，股东大会从股东中选举董事，大股东持股数占优转化为投票权优势，因此大股东尤其是控股股东可以通过选举代表自身利益的董事组成董事会的方式来控制董事会，或者自己出任董事长，这就架空了董事会的投票决策机制，出现了公司治理上的"无效区"。董事会有聘任经理层的权力，使经理层代表自己的利益诉求。这样，大股东通过董事会、经理层就可以达到层层控制公司的目的，使公司的重大决策体现大股东的利益。公司治理中的约束机制和激励机制完全丧失效力，这样的公司治理结构损害了公司和中小股东的利益。大股东与中小股东之间的委托代理问题取代了经营者与所有者之间的委托代理问题，成为公司治理理论关注的主要问题。因此，现代公司治理的对象除了传统的经营者治理、董事会治理，更重要的是对"一股独大"的大股东的治理。监管部门通过相关制度约束大股东的行为，公司内部通过职工参与治理、独立董事制度、职工监事制度、独立监事制度等制约大股东的侵占行为。

公司治理理论从公司内部制度安排上揭示了大股东与中小股东之间的矛盾，为本书探究大股东行为对公司决策产生影响的路径奠定了理论基础。

2.4.4 博弈论

博弈论又被称为对策论（Game Theory），是研究决策主体的行为发生直接相互作用时候的决策以及这种决策的均衡问题的一门理论科学（张维迎，2012）。博弈论是现代数学的一个新分支，也是运筹学的一个重要学科，它利用数学理论和方法研究具有斗争或竞争关系的主体如何确定优化策略。博弈论在经济学问题研究中有广泛的应用。传统的微观经济学在研究人的行为时以完全竞争市场为假定前提，任何一个人进行决策时既不用考虑自己做出的决策对他人的影响，也不用考虑他人做出的决策对自己的影响。而博弈论则认为市场参与者有限，不可能出现完全竞争市场，任何决策都要受到外部条件的干预和制约，也就是任何一个参与者的个人效用函数都受到其自身选择和其他参与者选择的双重影响。博弈论的本质就是当对手在观察你并采取策略追求自身利益最大化的时候，你如何选择自己的策略。

博弈论的基本要素包括参与人、行动、信息、支付函数和均衡。参与人也称局中人，每一个参与人都有决策权，两个参与人的博弈称为两人博弈，两个以上参与人博弈称为多人博弈。在博弈中，任何参与人都有自己的策略集，参与人对策略集中策略的选择就是行动。信息是参与人在博弈中的知识，包括对自己了解的知识，对其他参与人的特征和策略的知识。支付函数是参与人在某一种策略中获得的效用，是每个参与者真正关心的东西。均衡就是平衡，当博弈达到均衡状态时，参与人的策略趋于稳定，暂时不再变换策略，直到平衡被打破。博弈分析的目的就是利用博弈规则寻找博弈均衡，并对博弈均衡的影响因素进行分析。一个完整的博弈模型应至少包括以上要素。

一般认为，博弈可以分为合作博弈和非合作博弈两种主要类型，二者的区别在于参与人相互发生作用时，当事人之间有没有达成一个具有约束力的协议，如果有就是合作博弈，如果没有就是非合作博弈。通常我们所说的博弈指的就是非合作博弈，冯·诺依曼、约翰·福布斯·纳什、莱因哈德·泽尔腾、约翰·海萨尼等博弈论专家的贡献都是针对非合作博弈的研究。根据不同的基准，博弈论有两个维度的划分标准。静态和动态是根据参与人行动的先后顺序进行的划分，静态博弈是参与人同时行动，动态博弈是指参与人的行动有先后之分，并且后采取行动的参与者能够观察到先采取行动的参与者所选择的策略。完全信息和不完全信息是根据参与人对对手信息的掌握程度进行的划分，完全信息是指参与人对对手的信息有准确的认识，而不完全信息则不是。两个维度组合为以下四种类型，如表2-6所示。

表2-6 博弈的四种类型

类别特点	静态	动态
完全信息	博弈双方充分了解对方的信息、支付函数等，也了解给定自己的某一选择，对方会选择对自己最有利的策略。缺点是存在不可置信威胁	是对完全信息静态博弈的修正，此时的均衡解是令各个子博弈均达到最优的状态，因此清除了完全信息静态博弈的不可置信威胁
不完全信息	对方有多种状态，不确定哪一种状态会出现，但明确每一种状态出现的概率	对方有多种状态，不确定哪一种出现，也不知道每一种状态出现的概率。需要参与者假定概率，通过不断观察对方修正这一概率，每一个均衡都是在信念的状态下形成的

博弈论能够围绕原始问题设计激励与约束机制，这使得博弈论被广泛应用于很多学科，比如管理学、金融学、社会学、军事学、法律、国际关系与贸易等。将博弈论的基本方法应用于经济问题的分析中，从复杂的现象中抽象出基本元素，结合经济问题的研究目的和类型，选择恰当种类的博弈模型，用于描述、反映经济问题参与人的策略选择动机，以便寻找到解决这一问题的最优解，使各方利益主体的行为达到稳定和平衡。博弈论与公司治理问题相结合，可以帮助企业以战略的思想和谋略的方式分析股权分配、公司高管治理、董事会治理、大股东治理等公司利益主体之间的对抗、依赖和制约关系。

博弈论主要解决在内部和外部环境因素既定的情况下，面对特定规则和条件的约束，个人或组织参与者如何充分利用所掌握的信息，从自己的策略集中选择出最优策略加以实施，并在策略实施中实现自身收益最大化的问题。当均衡解出现时，参与人双方的行动趋于稳定。如果希

望参与人双方按照研究者既定的偏好选取策略，均衡解的影响因素就为
优化参与人行为提供了参考。本书主要利用博弈模型对大股东行为进行
内部和外部制衡因素分析，在约束大股东侵占行为的同时，也找到提高
外部监管机构和中小股东监督意识、监督能力的途径，为政策建议的提
出提供理论支撑。

3　大股东行为对上市公司财务决策的影响机理分析

以相关理论基础为指导，本章对大股东行为侵害中小股东利益和公司价值发生的动因，以及大股东通过什么路径影响公司财务决策进行分析，以发现大股东行为对财务决策存在负面影响的"证据"。

3.1　大股东侵害行为发生的原因分析

唐宗明、蒋位（2002）以我国1999~2001年上市公司发生的90项大宗股权转让事件为样本，对我国上市公司大股东对中小股东的侵害问题进行了研究，研究结果表明我国上市公司大股东行为对中小股东的侵害程度远高于美英国家。大量学者（唐宗明和蒋位，2002；余明桂和夏新平，2004；陈晓和王琨，2005）研究显示，除大股东本身的自利天性和侵占意愿外，出现这种现象的主要原因之一是中小股东缺乏积极制衡大股东的意识和主动性，我国上市公司中未形成对大股东有效的约束机制，造成中小股东制衡缺位，在公共监督领域出现了"真空"。同时相关法律法规对债权人的保护力度不足，这些都给大股东侵蚀财富提供了可乘之机。本书下面就通过大股东与中小股东和债权人之间的矛盾，分析大股东实施侵害行为的原因。

3.1.1　中小股东制衡缺失

（1）大股东与中小股东之间的委托代理问题。大股东和中小股东同属公司出资者，从性质上来看并没有本质性区别，唯一的不同就是二者出资比例的差异，大股东股权占比较高，而中小股东持股比例很低。但正是这一差别，决定了大股东和中小股东在效用函数上的异化。大股东掌握公司控制权，除了按其拥有的股权比例享有利润的剩余索取权以外，还可以获得控制权收益。控制权收益来源于控制权公共收益和控制权私有收益，其中，控制权公共收益是指所有股东均可按照持股比例而获得的收益新增，而控制权私有收益是指由于掌握了公司的控制权而获得的收益，在收益的分享上具有排他性，不掌握公司控制权的股东不能分享。在有着金字塔结构和（或）交叉持股的股权结构的企业中，大股东能够凭借不成比例的现金流权实施其控制作用。由于投票权与现金流权不一致，大股东更能够巩固控制性地位，因为他们不用受制于董事会治理和市场秩序，结果是，大股东更有可能通过不透明交易将公司价值转移给他们控制的其他公司，剥夺中小股东的利益。因此，大股东以剩余收益和控制权收益整体利益最大化为目标，有时甚至不惜牺牲公司利益获取控制权私有收益的最大化，即使存在大股东对公司的"支持行为"，也只是为了帮助他们控制的企业缓解暂时的财务困境，为的是在今后可以从公司运营中获得更多的隐性收益，或者说大股东的"支持行为"只是为未来更好地"掏空"取得权力（Friedman E.等，2003）。而中小股东只能按照持股比例享有公司利润的剩余索取权，表现为获得公司的分红和买卖股票的利差，因此，他们的目标是剩余收益最大化。

大股东与中小股东面对的效用函数不同，使他们的行为发生了分化，大股东从自身利益最大化目标出发，就具备了实施侵害行为的动机。尤其是我国上市公司大多数由国有企业而来，我国资本市场的初衷之一是为了解决国有企业的融资难题。集体所有制经济体制决定了我国上市公司在改制之前无一例外的是100%国家控股，股权相对集中，短期内很难改变国有股巨大的影响力，上市公司资源配置的控制权在大股东或者内部代理人手中循环交替。这样的股权制度安排，加之大股东与中小股东之间严重的利益冲突，客观上为上市公司大股东获取控制性资源、通过各种非效率财务决策行为攫取控制权收益提供了便利条件。许小年（1997），张红军（2000），吴淑琨（2001），孔爱国、王淑庆（2003）均在研究中证实了这一观点。效用函数的不同为大股东与中小股东之间产生委托代理问题提供了前提条件。

无论是大股东还是中小股东都有监督经营者的权利和义务，也就是说，股东监督公司经营者是一种集体行为，而非个人行为，这既是全体股东的权利也是他们的义务，所以对经营者的监督具有"公共品"特征。公共品的不可分割性、非竞争性和非排他性使任何人都不能独占专用，要想将其他人排斥在该产品的消费之外，不允许他人享受该产品的利益是不可能的，而且公共品的消费是在保持其完整性的前提下，由众多的消费者共同享用的。这些特征必然导致"搭便车"现象的产生。由于投资多元化以及时间、经历的有限性，中小股东在监督经营者行为中取得的收益往往无法抵偿其付出的昂贵的监督费用，因此，理性的中小股东不愿意轻易提供监督，而是将监督经营者、代表股东行使话语权的任务委托给大股东，在不需要付出监督成本的情况下，分享由另一部分股东提供公共品的改善性收益，坐享其成。大股东提供了对经营者的监督并且因此承担了全部监督成本，同时，也掌握了公司经营的私人信息，也就是大股东与中小股东之间存在信息不对称。目标不一致，且存在信息不对称，大股东与中小股东之间的委托代理问题就产生了，其中大股东为代理人，中小股东为委托人。由于大股东，尤其是控股股东，掌握着上市公司的实际控制权，理性经济人的自利天性与机会主义行为促使他们运用公司控制权损害中小股东的利益，例如虚假出资、操纵利润分配、操纵发行价格、操纵信息披露、关联交易、侵吞公司和其他股东的财产等，这是二者之间委托代理问题的集中体现。

（2）对大股东的监督缺位。西蒙的"有限理性"观点认为，理性有界，人（自然人或法人）不存在完全理性，这源于人认识能力、行为能力的有限性，环境的不确定性和信息的不对称性。对大股东的监督缺位也是由于这一特性产生的，主要表现在"人不具备制定完全契约的能力"和"中小股东行使控制权的能力有限"两个方面。

契约是对未来承诺的交换，通过契约，交易各方可以在相互监督的前提下以较低的交易费用实现自己的个人目标（胡乐明和刘刚，2014）。契约自制定到兑现需要经过一段时间，在未来的时间中，环境的不确定性、信息的不完全、面临问题的高度复杂性，使契约制定方不可能进行全面精确的计算。一方违约可能是出于自身的主观意愿，也可能与环境变化有关，而缔约者若要对违约行为做出精确的描述，需要花费大量交易费用，因此，契约是不可能完全的。具体到公司、监管机构和中小股东也都不可能制定出完全契约以限制大股东的行为。我国证监会于2006年印发的《上市公司章程指引》第三十七条股东义务中明确规定："不得滥用股东权利损害公司或者其他股东的利益；不得滥用公司法人独立地位和股东有限责任损害公司债权人的利益。"此契约在执行过程中，监管者与大股东之间存在着信息不对称，由于有限理性和外界环境的不确定性，大股东更清楚自己的行为，凭借其所掌握的控制权，大股东既可以遵循契约也可以搞机会主义，利用控制权谋取控制权私有收益。即使大股东侵占了中小股东的利益，也可以利用二者之间的信息不对称，采用选择性披露会计信息等方式欺骗中小股东，而监管者和中小股东很难确定真伪。即使存在重新建立契约的机会，也无法消除信息不对称，并且会花费更多交易费用，造成对经济资源的浪费。

大股东和中小股东间的委托代理关系集中体现在剩余控制权和剩余所有权的不对称性分配（黄智，2011）。具体来说，大股东和中小股东均为权益资本的提供者，诸如公司利润的剩余索取权、公司资源配置的投票权、公司利润的控制权等，大股东和中小股东均可按照持股比例享有以上权益。但是，中小股东在行使控制权时会受到其本身行为和技术上的限制。中小股东要清楚国家的相关法律法规、具备一定的经济管理知识、有足够时间和精力关注公司各项交易事项，这些限制条件都导致中小股东完全行使其对公司的控制权必然会面临高额交易费用。因此，中小股东一方面拥有法律规定的权利，另一方面又放弃了这种权利，产生了行使控制权时的产权公域外部性，使得中小股东可以行使的控制权小于法律授权的范围，而留置在公共区域中的控制权则落入大股东手中。

下面使用混合纳什均衡博弈模型对中小股东监督缺位问题予以论证。

Ⅰ. 构建博弈支付矩阵。

假设在一个公司中，存在一个大股东和两个中小股东——股东甲和股东乙，甲和乙的纯战略集均为（监督，不监督）。下面从监督成本和监督收益两个方面进行如下参数假设：

ⅰ. 甲和乙的股权比例分别为 S_1 和 S_2。

ⅱ. 股东获得的投资收益之和用 E 表示，监督成本用 C_i（$i=1,2$）表示。

ⅲ. 当两个股东都选择不监督大股东时，大股东会对中小股东的利益进行侵害，侵害损失用 ω 表示；当两个股东同时选择监督大股东时，大股东没有机会对甲和乙的利益进行侵害；当只有一个股东选择监督，另一个股东选择不监督时，由于单个中小股东的监督能力有限，大股东的侵占行为仍有可能发生，设中小股东的监督能力为 $\theta_i<1$（$i=1,2$），则只有股东甲选择监督行为时的总收益为 $E-\theta_2\omega$，只有股东乙选择监督行为时的总收

益为 $E - \theta_1 \omega$。其他股东对大股东行为的监督具有"公共产品"特征，根据张维迎（2004）教授构建的"公共产品"提供的博弈模型，在完全信息下，"公共产品"提供的博弈模型有三种情况：斗鸡博弈、智猪博弈、囚徒困境，博弈均衡结果分别为参与者双方不同时提供、一方参与者确定提供另一方确定不提供、双方参与者都不提供，这里我们可以将其他股东对大股东的监督视为其提供的公共产品，因此，假定甲和乙共同参与对大股东的监督仍然是有限的，即 $\theta_1 + \theta_2 < 1$。

博弈的支付矩阵如表 3-1 所示：

表 3-1　中小股东监督行为选择的博弈模型支付矩阵

支付函数		股东乙	
		监督	不监督
股东甲	监督	$S_1E - C_1$, $S_2E - C_2$	$S_1(E - \theta_2\omega) - C_1$, $S_2(E - \theta_2\omega)$
	不监督	$S_1(E - \theta_1\omega)$, $S_2(E - \theta_1\omega) - C_2$	$S_1(E - \omega)$, $S_2(E - \omega)$

注：表格中数据左侧代表股东甲，右侧代表股东乙

Ⅱ. 混合纳什均衡点的确定。

给定股东甲选择监督的概率为 α，选择不监督的概率为 $1 - \alpha$；股东乙选择监督的概率为 β，选择不监督的概率为 $1 - \beta$。则股东甲选择监督的期望收益 P_1，选择不监督的期望收益 P_2 分别为：

$$P_1 = S_1\theta_2\omega\beta + S_1E - S_1\theta_2\omega - C_1$$
$$P_2 = S_1\omega(1 - \theta_1)\beta + S_1E - S_1\omega$$

令 $P_1 = P_2$，得出股东乙选择监督的均衡概率为：

$$\beta^* = \frac{S_1(1 - \theta_2) - \dfrac{C_1}{\omega}}{S_1 - S_1(\theta_1 + \theta_2)}$$

同理，股东甲选择监督的均衡概率为：

$$\alpha^* = \frac{S_2(1 - \theta_1) - \dfrac{C_2}{\omega}}{S_2 - S_2(\theta_1 + \theta_2)}$$

所以，混合纳什均衡结果为：(α^*, β^*)。当 $\beta < \dfrac{S_1(1 - \theta_2) - \dfrac{C_1}{\omega}}{S_1 - S_1(\theta_1 + \theta_2)}$，股东

甲会选择监督策略；当 $\alpha < \dfrac{S_2(1-\theta_1)-\dfrac{C_2}{\omega}}{S_2-S_2(\theta_1+\theta_2)}$ 时，股东乙会选择监督策略。

Ⅲ. 中小股东的共同监督区间和大股东的侵害区间。

根据混合纳什均衡的均衡结果，可以构建股东甲和乙的共同监督区间，如图3-1所示。

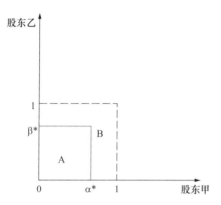

图3-1   中小股东的共同监督区间

定义图3-1中实线内区域A为中小股东共同对大股东进行监督的区间，在这个区间内，大股东无法通过信息失真或隐瞒行为侵害中小股东的利益；定义虚线与实线之间的区域B为侵害区间，由于某些股东或所有股东对大股东监督的缺位，使得大股东有动机利用信息不对称侵害其他股东的利益。可见，中小股东对公司大股东的行为监督的确存在缺位，这给大股东实施侵占行为提供了机会。

3.1.2 债权人利益的法律保护力不足

债权人和公司股东均为企业资金的供给者，但是二者出资的性质截然相反。股东出资形成公司的权益资本，债权人出资形成公司的债务资本，资本性质的不同造成二者权利、义务的差异。股东享有公司利润的剩余索取权，债权人只拥有依照契约收取固定利息的权利；股东通过股东大会选举董事会，对公司一切重大事务都有控制监督的权利，尤其是大股东中的控股股东可以选择、委派、更换公司的管理人员，因此，在大股东控制下，公司财务决策总是或多或少体现大股东的偏好，大股东对公司经营过程的了解和控制就构成了私人信息，而债权人则没有以上权利。权责的不同造成大股东与债权人之间的目标不一致，加上信息不对称，大股东与债权人之间的委托代理关系就形成了。

我国农业上市公司大多数由国有农业企业、国有农场改制而来，集体所有制经济体制决定了农业上市公司在改制之前无一例外地百分之百由国家控股，第一大股东持股比例普遍较高，股东利益至上的观点普遍存在，即"追求社会总体福利的最好方法就是要求公司经理人对股东利益强烈负责"（赵金龙，2011），导致非股东利益相关者保护游离于有效的法律机制之外。我国2006年1月1开始施行的新《公司法》与旧《公司法》相比，更加重视对债权人的保护，增加了公司人格否认制度、公司权益受损的股东救济以及股东权益受损的诉讼等内容，还增加了董事和高级管理人员应履行的义务条款，强化了公司事务的公开性原则。新《公司法》体现了"公司管理层义务转换"理论，即对公司股东利益和公司债权人利益的兼顾。但从新《公司法》反映出的债权人与股东的权利对等关系来看，债权人相对于股东仍然处于从属、弱势的地位。债权人对自身权益的保护仍然是被动的、消极的，法律也没有更多地赋予债权人主动、积极求偿的权利。我国于2007年6月起开始施行新的《中华人民共和国企业破产法》的立法目的就是规范企业破产行为，保护公司债权人的利益，使公司债权人能够在破产公司的清算过程中最大限度地获得清偿（赵金龙，2011），但是我国破产法中的相关规定并没有起到以上作用，对债权人利益保护不足，造成了大股东对债权人利益的侵占。比如新破产法在破产原因上，将资产不足以清偿全部债务或者明显缺乏清偿能力作为破产的必备条件；在破产管理人的选任上，债权人没有决定权；在破产费用的数额上，债权人只有审查权而没有决定权、变更权（王全法，2007）。这就造成了在大股东控制下，我国农业上市公司的债权人利益很难得到实质性的保障，为大股东实施侵害性行为提供了便利。

3.2 大股东行为对财务决策的影响路径分析

如上所述，由于中小股东、债权人与大股东的委托代理矛盾，加之缺乏有效监督，对具有自利天性的大股东实施侵占公司价值和外部出资者利益的行为形成了激励。大股东行为多种多样，由于财务决策在企业财务活动中的核心地位，本书选择研究大股东行为对公司财务决策的影响这一研究主题。那么，大股东如何影响公司财务决策，是直接影响、通过其他机制间接影响，还是兼而有之，这就是本章要研究的问题。

3.2.1 研究框架

公司治理机构由股东大会和公司内设机构组成，是为实现公司价值最大化目标，公司所有权与经营权基于信托责任而形成相互制衡关系的结构性制度安排。股东大会是公司的最高权力机关，由全体出资股东组成，对公司重大事项进行决策，股权登记日持有股票的股东都可以参加股东大会，对公司的经营提出建议或质询。股东出席股东大会，所持每一股份拥有一票表决权，股东大会作出决议，必须经出席会议的股东所持表决权的半数以上通过。公司内设机构包括董事会、监事会和总经理。股东通过股东大会选举或推举董事，组成董事会，在股东大会休会期间，代行股东大会权力。总经理由董事长经董事会通过任命，接受董事会监督。董事会拥有所有权、监督权和决策权，而总经理拥有经营权和部分决策权，掌握公司的日常行政权。

从公司的经营和决策过程来看，董事会是公司的核心领导和最高决策者，是对内掌管公司事务、对外代表公司的财务决策机构。董事会直接负责对股东大会决议的执行，负责公司所有财务活动的指挥与管理。以总经理为核心的公司高管在公司管理中担任重要职务，负责公司经营管理，掌握公司重要内部信息，是公司运营和完成董事会目标的执行者。大股东凭借其在股东大会的股权优势，可以安排自己信任的其他人担任董事职务，甚至自己出任董事长，继而通过董事会任免公司高管。综上所述，大股东对公司财务活动产生影响的路径为：首先通过绝对股权优势控制股东大会，进而通过股东大会对董事会、监事会的任命权以及董事会、监事会对管理层的监督权操控公司，最后对公司财务决策产生影响。因此，董事会和公司高管在公司治理中发挥重要作用，是公司各项制度得以顺利执行的重要保证，大股东对财务决策产生影响也就不可避免地以董事会治理机制和公司高管治理机制为中间桥梁。

如图3-2所示，本书将大股东实施侵害行为的影响路径分为三个层次，分别是大股东治理、公司治理和公司财务决策。大股东治理即公司的股权结构安排；公司治理包括与公司财务决策密切相关的董事会治理和公司高管治理；公司财务决策包括筹资活动财务决策、投资活动财务决策和利润分配活动财务决策。大股东治理会对第二层次公司治理（董事会治理和公司高管治理）产生直接影响。由于董事会和公司高管在公司经营过程中处于核心决策者地位，公司治理两大机制对公司财务决策也会产生直接影响。通过测算大股东治理机制对公司治理机制以及公司治理机制对公司财务决策的直接影响系数，二者附加即为大股东对公司财务决策的间接影响，同时由于大股东治理的核心地位，也可计算出大股东治理对公司财务决策的直接影响系数。

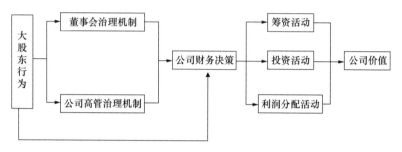

图3-2　大股东行为的影响路径分析

3.2.2　设定变量

（1）大股东治理指标的选择。在第二类委托代理关系的相关文献中，以什么指标作为大股东行为的代理指标至关重要。相关文献的实证研究通常选择使用股权集中度、终极控制者对公司的控制权作为大股东行为侵害程度的代理变量。现金流权或者投票权集中在一个或几个大股东手中是大股东行为实施侵害的一个必要条件，如果大股东掌握的控制权与现金流权相等，他们并不具备实施侵占行为、降低公司价值的先天动机（Yves Bozec 和 Claude Laurin，2008）。事实上，只有在控制性大股东只持有一小部分现金流权，并且同时能够建立起对公司投票权的控制时，所有权结构才会变成实实在在的问题。投票权和现金流权之间的分离为大股东追逐控制权私有收益提供了强有力的激励。

同时，恰当的股权制衡还必须考虑到股东之间的相互作用（La Porta 等，1999）。在中国上市公司中，频繁交易的小股东大量存在，很难收集到有用、稳定且完整的股东信息数据。中小股东经常放弃他们的投票权，而热衷于短期资本利得。由于中小股东持股比重很小且数量巨大，他们不熟知彼此，集体行动几乎不可能存在。中小股东影响企业财务决策的潜在能力与大股东是完全不同的，因此，在股东控制中应对中小股东区别对待。

基于以上分析，本书选择基于海洋博弈模型中的夏普利（Shapley）指数度量第一大股东实际控制程度和股权制衡度，加上第一大股东实际持股比例，使用以上三个指标度量大股东的侵占程度。第一大股东实际控制程度越低，股权制衡度越高，大股东行为越难以实施侵害，大股东治理效果越好。

（2）董事会治理指标的选择。上市公司独立董事（Independent Director）不在公司担任除董事外的其他职务，并与其所受聘的上市公司及其主要股东不存在可能妨碍其进行独立客观判断的关系[中国证监会，《关于在上市公司建立独立董事制度的指导意见》（以下简称为《指导意见》），2001]。2001年8月16日，中国证监会在《指导意见》中指出，与公司其他董事相比，独立董事能够对公司事务做出独立判断，因此可以代表中小股东的利益，而且是监督经营者机会主义行为的独立力量。为了防止内部人控制问题，企业迫切需要设立独立董事来改变内部人决策权力的结构，起到监督、规范的作用，《指导意见》发布的目的也在于通过提高独立董事在董事会中的比例来提高中国上市公司的治理效率。独立董事治理作用的早期研究者 Kosnik（1987）指出，研究独立董事在公司治理行为中的作用是很有意义的。Chen 等（2006）的研究结果显示，在独立董事比例较高的中国上市公司里，内部人欺诈行为较少。祝继高等（2015）进一步证明了独立董事能够有效抑制中国上市公司大股东的资金占用行为。因此，本书选择董事会中独立董事的人数和独立董事比例作为董事会治理的前两个代理指标。

所谓两职合一（CEO Duality）是指董事长和总经理两职同时由一人承担。我国《上市公司章程指引》赋予董事会"挑选、聘任和监督经理人员，掌握经理人员的报酬与奖惩；协调公司与股东、管理部门与股东之间关系"的职权，董事会的独立性同时带来对公司监督力度与决策水平的提高，有助于抑制上市公司内部人控制问题。然而，董事长与总经理的两职合一将使企业控制权高度集中，从而将削弱董事会的监督职能。董事长与总经理两职合一在有利于提高其创新自由度的同时，对总经理等高层管理团队监督的有效性也可能同时被降低（吴淑琨等，1998）。因此，本书选择是否存在两职合一作为董事会治理的第三个代理指标。

（3）公司高管治理指标的选择。公司高级管理人员简称公司高管，是指在公司管理层中担任重要职务、负责公司经营管理、掌握公司重要信息的人员，包括《公司法》第五十条和第一百一十四条规定的经理、副经理等人员①。在传统经济学理论中，企业被认为是追求利润最大化的行为主体，这样的假定在所有权和经营权合一的古典企业中是非常自然的。但是随着企业规模的扩大，所有权与经营权之间的分离相伴而生。由于经营者与所有者之间存在利益冲突，一旦出现所有权与经营权的普遍分离，公司管理人员可能就会追求自身利益而不是股东利益的最大化。作为公司管理层中重要职务的担任者，公司高管与股东之间的矛盾就尤其突出。从交易双方信息是否对称来看，除公共信息外，公司高管掌握大量股东无法直接获得的私人信息，股东必须对其行为进行监督，由此产生的监督成本和监督收益均要按照股东持股比例在全体股东中进行分配，由于中小股东持股比例比较低，从监督行为中获利很少或者为负，就使得监督公司高管的责任更多地落在了大股东身上。按照激励相容论，代理成本最小的情况是管理者拥有公司100%股份，因为只有此时管理者的利益与公司的利益完全统一（罗彪等，2013）。为了有效控制公司高管的道德风险行为，一个有效的手段就是将公司高管的利益与公司和股东的利益挂钩，也就是给予管理者一定股份。当公司高管同时具备了股东身份时，其行为也将更符合公司和股东的利益。因此，本书选择公司高管持股比例和总股本作为公司高管治理机制的代理指标，其中，总股本用于度量上市公司的股本总规模。另外，由于我国大部分农业上市公司均是由国有农业企业、国有农场、农垦企业改制而来的，国有股占比较大，而国有股的所有者事实缺位现象会直接影响高管在上市公司中的表现及其对营运过程的控制能力，因此，在高管治理代理指标中加上国有股比例。

（4）原始路径图。结构方程模型涉及潜变量和观测变量两种变量。本书研究大股东行为对农业上市公司财务决策的影响路径，因此确定公司财务决策为内生潜变量。首先，需要设计外生潜变量作为内生潜变量的影响因素。根据上述分析，外生潜变量分别为大股东治理机制、董事会治理机制和公司高管治理机制。

其次，需要给潜变量设计观测变量，包括外生潜变量和内生潜变量。但是观测变量不宜过多，原因是增加一个观测变量就会增加一个待估计参

①本章界定的公司高管主要包括经理、副经理、财务负责人、上市公司董事会秘书和公司章程规定的其他人员。

数，结构方程模型中每一个待估计的参数都需要由观测数据求出唯一的估计值，如果方程中的待估计参数过多，就会造成有些自由参数不能由观测数据估计得到，造成方程不可识别（王济川等，2011）。根据上述变量选择，本书对大股东治理机制设置第一大股东实际控制程度、第一大股东持股比例和股权制衡度三个观测变量；对董事会治理机制设置独立董事人数、独立董事比例和两职合一三个观测变量；对公司高管治理机制设置公司高管持股比例、总股本和国有股作为观测变量。最重要的公司财务决策为筹资决策、投资决策和股利分配决策，因此，在大股东行为对农业上市公司的筹资决策、投资决策和股利分配决策的影响路径研究中，公司财务决策观测变量分别为筹资偏好指标、投资效率指标和现金股利派发比例指标。

　　在本结构方程模型中共有4个潜变量和12个观测变量，潜变量和观测变量之间的关系如图3-3所示。路径图中的变量说明如表3-2所示。

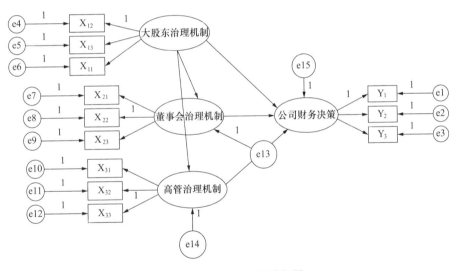

图3-3　结构方程原始路径图

表3-2　模型变量表

潜变量		观测变量	
		符号	名称
内生潜变量	公司财务决策	Y_1	筹资偏好
		Y_2	投资效率
		Y_3	现金股利分配比率

续表

潜变量		观测变量	
		符号	名称
外生潜变量	大股东治理机制	X_{11}	第一大股东实际控制程度
		X_{12}	股权制衡度
		X_{13}	第一大股东持股比例
	董事会治理机制	X_{21}	独立董事比例
		X_{22}	两职合一
		X_{23}	独立董事人数
	公司高管治理	X_{31}	总股本
		X_{32}	公司高管持股比例
		X_{33}	国有股比例

本模型中共有测量指标12个，待估计参数20个，符合 $t = 20 < p(p + 1)/2 = 78$ 的 t 规则，表明该模型可识别。

3.2.3　模型建立

3.2.3.1　样本选取和数据来源

按照本书对农业上市公司的界定方法，选取了表2-1中列示的农业上市公司作为本书的研究对象。本书收集样本数据使用的是国泰安CSMAR数据库、证券之星数据中心、和讯网数据中心，以国泰安CSMAR数据库为主，以证券之星数据中心、和讯网数据中心披露的上市公司年报数据为补充，形成的原始数据库见附表1。

3.2.3.2　观测变量的计算

在本结构方程模型中共涉及筹资偏好、投资效率、现金股利分配比率、第一大股东实际控制程度、第一大股东持股比例、股权制衡度、独立董事比例、独立董事人数、两职合一、公司高管持股比例、总股本和国有股比例12个观测变量。

（1）筹资偏好指标（Y_1）。大多数上市公司的资产负债率水平已经很低，但是几乎无一例外地仍然把股权再融资作为外源资金的首要来源。也就是说，我国的农业上市公司更倾向于使用权益资本进行融资。因此，使用资产负债率作为筹资偏好指标。

（2）投资效率指标（Y_2）。上市公司的投资无效率表现为投资过度或者投资不足两种情况。Artur 和 Pindado（2003）认为公司存在一个最优投资水平，当实际投资量高于最优投资水平时即为投资过度，当实际投资量低于最优投资水平时即为投资不足。Scott Richardson（2006）利用一个以会计信息为基础的模型衡量了过度投资问题。Richardson 认为，投资总支出包括必要投资支出和新增投资支出两部分，其中必要投资支出是指固定资产折旧、摊销以及维持机器设备及其他经营性资产运营的总的必要支出额。新增投资支出又可分为预期投资和过度投资，他将过度投资定义为维持净现值为正的预期新增投资项目以外的投资额，而预期投资额则取决于企业的成长机会、融资约束、行业特征等因素。

以 Richardson 的投资效率模型为基础，本书计算投资效率指标如下所述：

第一步，建立新增投资模型，如式（3-1）所示。

$$\text{Investment}_{i,t} = \beta_0 + \beta_1 \text{Tobin's}Q_{i,t-1} + \beta_2 \text{Leverage}_{i,t-1} + \beta_3 \text{Cash}_{i,t} + \beta_4 \text{lnsize}_{i,t} + \text{Yeardummy}_t + \varepsilon_{i,t} \tag{3-1}$$

其中，参照魏明海、柳建华（2007）以及姜付秀等（2014）等的研究，本书计算新增投资 $\text{Investment}_{i,t}$ 使用"公司当年用于购建固定资产、无形资产和其他长期资产所支付的现金总和减去处置固定资产、无形资产和其他长期资产所收回的现金总和"代替。

托宾 Q 值指标代表企业的成长性，高的托宾 Q 值意味着企业市场价值与总资产之间的比率高，也就是说企业有更多的发展机会。托宾 Q 的原始计算公式为企业市值/资产重置成本，但这只是一个理论公式，在实际操作中重置成本很难估算，所以通常使用公司净资产代替资产重置成本，托宾 Q 的计算公式变为市值/净资产。参考窦炜等（2009）的计算方法，本书使用总股本×当前股票价格/净资产计算托宾 Q 值；

$\text{Leverage}_{i,t-1}$ 表示第 t-1 期的资产负债率，或者使用企业连续近三年各年资产负债率的算术平均数，本书选择前者；

$\text{Cash}_{i,t}$ 为现金流指标，用第 t 年末经营活动现金净流量除以年初总资产表示；

$\text{lnsize}_{i,t}$ 代表公司规模，用第 t 年末公司总资产的自然对数表示；

Yeardummy_t 为年度虚拟变量，是为了将宏观因素考虑在内；

$\varepsilon_{i,t}$ 为误差项。

第二步，用公司新增投资的实际值与式（3-1）的拟合值相减，大于零为过度投资，小于零为投资不足，二者皆为对投资无效率程度的度量。

（3）现金股利分配比率（Y_3）。借鉴唐跃军（2009）的处理方法，本书将现金股利分配比率定义为每股现金股利占每股收益的比重。即

$$现金分配比率 = \frac{每股现金股利}{每股收益} \tag{3-2}$$

如果每股收益<0，则：

$$现金分配比率 = \frac{每股收益 - 每股现金股利}{每股收益} \tag{3-3}$$

（4）第一大股东实际控制程度（X_{11}）。本书选择基于海洋博弈模型中的夏普利指数度量第一大股东实际控制程度。夏普利指数的优点是，在股东现金流权或投票权相差较大的情况下，其夏普利指数仍然有可能是相等的，原因在于如果不能形成有效制衡，其他非控制性大股东与小股东对控制性大股东的牵制能力并没有本质区别。这也说明，即使有些大股东持股并不是特别高，但是他的实际控制作用仍然很大。使用夏普利指数作为计算第一大股东实际控制程度和股权制衡度的基础，更加强调了对大股东进行股权制衡的重要性。

海洋博弈模型将参与者分为强势参与者与弱势参与者，后者当作一个整体进行处理，被称为"海洋"（刘星和蒋弘，2012）。本书将大股东定位为强势参与者，将中小股东定位为弱势参与者。海洋模型需要一个投票额度c，我国《公司法》规定：股份有限公司股东大会由全体股东组成，股东大会是公司的权力机构，股东出席股东大会会议，所持每一股份有一表决权，股东大会做出决议，必须经出席会议的股东所持表决权过半数通过，因此，本书中c取大于0.5。当某个由参与者组成的合作联盟中，"海洋"在这个联盟里的投票权同其余强势参与者的投票权之和大于c的时候，该联盟赢得胜利。将所有表示强势参与者的点，独立、均匀、随机地插入由弱势参与者组成的"海洋"区间当中。如果某一强势参与者Q同排在他前面的全部参与者一起，拥有足以获胜的投票权总数，但是仅靠Q前面的全部参与者的投票权却无法获胜，这时Q就称为关键参与者，成为关键参与者的概率就是强势参与者Q的夏普利指数。

根据大股东和中小股东的夏普利指数，计算第一大股东实际控制程度为：

$$第一大股东实际控制程度 = \frac{第一大股东夏普利指数}{第一大股东持股比例} \tag{3-4}$$

式（3-4）数据越大，说明二权分离程度越高，第一大股东对公司的实际控制程度越强。在描述统计分析中可以看到，我国农业上市公司的股权相对集中，其他股权掌握在中小股东手中，称之为"海洋"。本书使用蒙特卡罗方法计算各大股东的夏普利指数。

（5）股权制衡度（X_{12}）。由于我国农业上市公司中股权普遍很集中，前三大股东掌握了大部分股权，因此，根据大股东和中小股东的夏普利指数，计算股权制衡度为：

$$股权制衡度 = \frac{第二大股东与第三大股东夏普利指数之和}{第一大股东夏普利指数} \tag{3-5}$$

式（3-5）数据越大，说明其他大股东对第一大股东的制衡越有效。

（6）第一大股东持股比例（X_{13}）。来自附表1中的原始数据。

（7）独立董事比例（X_{21}）。本书使用独立董事人数在董事会总人数中所占比重表示独立董事比例。即：

$$独立董事比例 = \frac{独立董事人数}{董事会总人数} \tag{3-6}$$

（8）两职合一（X_{22}）。两职合一指标度量的是上市公司董事会的独立性，如果董事长和总经理由一人出任，则该指标取值1，否则取值0。

（9）独立董事人数（X_{23}）。来自附表1中的原始数据。

（10）总股本（X_{31}）。来自附表1中的原始数据。

（11）公司高管持股比例（X_{32}）。本书使用公司高管持股股本占总股本的比重确定这一指标。即：

$$公司高管持股比例 = \frac{高管持股股本}{总股本} \tag{3-7}$$

（12）国有股比例（X_{33}）。来自附表1中的原始数据。

利用以上计算方法计算各观测变量指标值如附表2所示。

3.2.3.3 模型拟合度检验

AMOS 24.0提供了多种模型拟合指数，通常采用绝对拟合指数 χ^2、RMR、GFI，相对拟合指数 NFI、IFI、CFI，信息指数 AIC 等指数对结构方程模型的拟合优度进行评价（吴明隆，2010）。本模型拟合指数计算结果如表3-3所示。

表3-3　模型拟合指数计算结果

拟合指数	绝对拟合指数			相对拟合指数			信息指数
	χ^2	RMR	GFI	NFI	IFI	CFI	AIC
本模型	328.670	0.107	0.832	0.844	0.965	0.866	208.956
饱和模型	0.000	0.000	1.000	1.000	1.000	1.000	156.000
独立模型	1033.904	0.168	0.721	0.000	0.000	0.000	447.897

结构方程模型拟合程度的评价标准为：χ^2距离饱和模型越近越好；RMR小于0.05，越小越好；GFI大于0.9；NFI、IFI、CFI大于0.9，越接近1越好；AIC越接近饱和模型越好（王华，2009）。在本书构建的结构方程模型的拟合指数指标中，RMR、GFI、NFI和CFI的取值未达到最优值，其余指标均符合检验标准。对于以上四项指标，虽然未达到最优值，但距离临界值相差很小，可以认为对结果没有大的影响。以上拟合指数指标的计算结果说明，本模型的拟合度良好，具有较高的构建效度。

3.2.3.4　模型参数估计

本书选择AMOS软件中的MLE（极大似然函数估计）方法进行参数估计，模型参数估计结果如表3-4所示。

表3-4显示，除极个别参数统计显著性不明显外，其他参数均能通过统计显著性检验，即P值均小于0.1，T检验值均大于2。未通过显著性检验的系数大股东治理机制对公司财务决策的标准化系数，P值等于0.137；公司财务决策对投资效率的标准化系数，P值等于0.195。以上参数虽然没有通过显著性检验，但是其P值距离临界值很近，可以忽略不计，说明以上模型参数的显著性是可以接受的。

经过参数估计后的结构方程路径图如图3-4所示。

表3-4　模型参数估计结果

观测变量	因果关系	潜变量	标准化系数	标准误差	T检验值	P值
公司财务决策	←	大股东治理机制	−0.131	0.110	−2.182	0.137
公司财务决策	←	董事会治理机制	0.084*	0.100	1.839	0.092
公司财务决策	←	公司高管治理机制	−0.049	0.109	−2.200	0.041
第一大股东实际控制程度	←	大股东治理机制	−0.423***	0.128	−3.301	***
股权制衡度	←	大股东治理机制	0.990			
第一大股东持股比例	←	大股东治理机制	−2.153***	0.582	−3.701	***
独立董事比例	←	董事会治理机制	2.634***	1.025	2.569	0.010
两职合一	←	董事会治理机制	−0.002**	0.382	−1.610	0.041
独立董事人数	←	董事会治理机制	1.303***	0.391	3.330	***
总股本	←	公司高管治理机制	0.589***	0.206	2.861	0.004
高管持股比例	←	公司高管治理机制	−0.533***	0.190	−2.810	0.005
国有股比例	←	公司高管治理机制	1.000			
融资偏好	←	公司财务决策	1.000			
投资效率	←	公司财务决策	1.664	1.589	2.047	0.195
利润分配	←	公司财务决策	2.997*	2.593	3.156	0.098
董事会治理机制	←	大股东治理机制	−0.139**	0.071	−1.952	0.051
公司高管治理机制	←	大股东治理机制	−0.252**	0.118	−2.123	0.034

注：***表示对应的P值<0.001；标准化系数的上标*表示10%的置信度；标准化系数的上标**表示5%的置信度；标准化系数的上标***表示1%的置信度

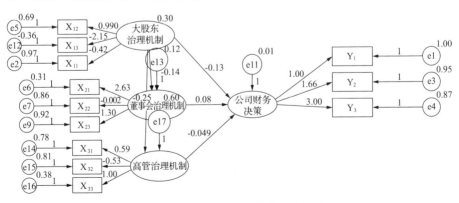

图3-4　参数估计后的结构方程路径图

3.2.3.5　结构方程模型结果分析

（1）各治理机制内部关系。表3-4和图3-4显示，第一大股东持股比例、使用夏普利指数计算出来的第一大股东实际控制程度和股权制衡度对大股东治理机制的影响系数分别为–2.153、–0.423和0.990。从影响系数的符号上分析，第一大股东持股比例和第一大股东实际控制程度对大股东治理机制的影响均为负值，这与Holderness（2003）提出的"获得控制权公共和私有收益是大股东集中所有权最根本的动机"这一观点，以及Johnson（2000）提出的"大股东持股比例越高，二权分离程度越高，公司价值越低"这一观点是一致的。股权制衡度对大股东治理机制的影响系数为正，证明了大部分研究者（Pagano和Roell，1998；Gomes，2001；徐向艺和张立达，2008）提出的"股权制衡度对公司价值存在正面影响"这一观点。从影响系数的绝对值上分析，股权制衡度对大股东治理机制的影响程度显然低于另外两项观测变量之和，这说明虽然从理论上分析，有效的股权制衡可以通过牵制大股东起到削弱其负面影响的目的，但是我国农业上市公司的股权制衡机制尚不成熟，在大股东治理中发挥的作用还比较薄弱，在对大股东行为的制衡研究中，内部制衡机制仍然是重点之一。

独立董事比例、独立董事人数对董事会治理机制的影响系数分别为2.634、1.303，均为正，说明独立董事制度的建立和完善对我国农业上市公司董事会的治理起到了积极作用。独立董事不向公司出资，不在公司内部任职，与公司经营过程不存在经济业务联系，可以独立地对公司事务做出判断，他们不容易受到上市公司主要股东、实际控制人或者其他与上市公司存在利害关系的单位或个人的影响，能够在一定程度上公正、公平地维护公司整体利益，尤其关注中小股东的合法权益不受损害。两职合一对董事会治理的影响系数为–0.002，虽然是负面影响，但是取值很小，接近于0。这主要是由于近几年来，我国农业上市公司开始注重董事会建设规范，出现董事长与总经理或董事长与总裁由一人同时担任的情况非常少，仅占全样本数量的22.9%，同时说明由于两职合一会削弱董事会的独立性，从而会降低董事会的运营效率，因此这一指标对董事会治理机制的影响是负面的。

如前所述，按照激励相容论，为了有效控制公司高管的道德风险行为，一个有效的手段就是将公司高管的利益与公司和股东的利益挂钩，也就是给予管理者一定股份。当公司高管同时具备了股东身份时，其行为也将更符合公司和股东的利益。但是这一措施发挥作用的前提是公司高管持股需要达到一定比例，管理者才会从股东利益出发对公司财务活动进行有效决策，而不是实施内部人控制从中牟利。从我国农业上市公司近几年的高管持股比例看，均值仅为0.000849%，非常接近于零，而且高管持股比例为0的样本占全样本数量的39.41%，这说明在我国农业上市公司中，通过高管持股增强管理者与所有者利益的一致性，从而改善管理者行为，避免管理者道德风险，这一举措远未达到其应有的效果。

（2）各治理机制之间的关系。通过分析可以看到，大股东治理机制会对董事会治理机制和高管治理机制产生影响，影响系数分别为-0.139和-0.252，虽然数值不大，但是这种负面效应是存在的。在很多上市公司中，大股东的意志就是公司的决策，大股东控制了一切，于是董事会蜕变成一个执行大股东意志的机构，其制订公司经营计划、投资方案、年度财务预算方案的功能只能形同虚设。

（3）大股东治理机制对公司财务决策的影响。

第一，大股东治理机制对公司财务决策产生直接影响，对筹资决策、投资决策和现金股利分配决策的影响系数分别为-0.1310、-0.2180和-0.3926，相当于总效应的17.75%、29.54%和53.21%，直接影响合计占总效应的100.50%。影响方向均为负面影响，由此证明了大股东行为对公司财务决策的负面影响的确存在。大股东往往利用其控制权优势肆意侵害公司和中小股东的利益，为自己谋取私利，农业上市公司也是如此，尤其是投票权和现金流权之间的二权分离为大股东追逐控制权私有收益提供了强有力的激励，给大股东掠夺公司价值和中小股东利益提供了机会。

第二，大股东对公司财务决策进而对公司价值的影响并不全是直接的，大股东治理机制会通过董事会治理机制和公司高管治理机制间接作用于公司财务决策。大股东治理机制对公司财务决策的间接影响效应为0.0037，占总效应的-0.50%。首先，大股东治理机制通过董事会治理机制影响公司财务决策，对筹资决策、投资决策和现金股利分配决策的影响系数分别为-0.0117、-0.0194和-0.0350，分别占总效应的1.59%、2.63%和4.74%。之所以以上影响系数均为负，是因为大股东治理机制对董事会治理机制产生的负面影响。董事会在股东大会授权范围内，决定公司对外投资、收购出售资产、资产抵押、对外担保事项、委托理财、关联交易等事项，聘任或者解聘公司副经理、财务负责人等高级管理人员，并决定其报酬事项和奖惩事项，大股东在取得公司控制权之后，为了确保自己的意愿得以实施，就需要控制董事会，从而对董事会独立董事规模、独立董事比例等进行操纵。由于董事会治理机制对公司财务决策的影响系数为正，二者相乘，产生了大股东对公司财务决策的负面影响。其次，大股东治理机制通过高管治理机制影响公司财务决策。大股东治理机制对公司高管治理机制的影响系数为-0.252，这证明了大股东持股比例与公司高管持股之间此消彼长的变动关系，大股东持股越集中，管理者持股将越少，反之则越多。高管治理机制对公司财务决策的影响为-0.049，进一步说明了由于我国农业上市公司中高管持股数量相当少，高管激励机制并未在公司治理中发挥应有的积极作用。将大股东治理机制对高管治理机制，以及高管治理机制对公司财务决策的影响系数相乘，得出大股东治理机制对筹资决策、投资决策和现金股利分配决策的影响系数分别为0.0123、0.0205和0.0370，分别占总效应的-1.67%、-2.78%和-5.01%（见表3-5）。

表3-5　大股东对公司财务决策影响的路径

影响路径	大股东行为的影响路径		计算公式	影响系数	影响百分比（%）
直接影响	大股东治理→公司财务决策→筹资决策		−0.131×1.000	−0.1310	17.75
	大股东治理→公司财务决策→投资决策		−0.131×1.664	−0.2180	29.54
	大股东治理→公司财务决策→分配决策		−0.131×2.997	−0.3926	53.21
	直接影响小计			−0.7416	100.50
间接影响	大股东治理→董事会治理机制→	公司财务决策→筹资决策	−0.139×0.084×1.000	−0.0117	1.59
		公司财务决策→投资决策	−0.139×0.084×1.664	−0.0194	2.63
		公司财务决策→分配决策	−0.139×0.084×2.997	−0.0350	4.74

影响路径	大股东行为的影响路径		计算公式	影响系数	影响百分比（%）
大股东治理→高管治理机制→	公司财务决策→筹资决策	−0.252×(−0.049)×1.000	0.0123	−1.67
	公司财务决策→投资决策	−0.252×(−0.049)×1.664	0.0205	−2.78
	公司财务决策→分配决策	−0.252×(−0.049)×2.997	0.0370	−5.01
间接影响小计			0.0037	−0.50
总效应			−0.7379	100

3.3　小结

本章对大股东行为实施侵害的原因和影响财务决策的路径进行了分析。通过上述分析，本书发现：

（1）大股东与中小股东效用函数不同，在公司运营过程中存在信息不对称，导致二者委托代理问题的产生。中小股东对大股东行为监督的事实缺位，给大股东实施侵占行为提供了机会，债权人利益保障不利，在大股东自利天性下形成了实施侵害行为的原因。

（2）在我国农业上市公司中，大股东实施侵害行为是普遍存在的，大股东往往从个人私利出发，对公司筹资决策、投资决策和现金股利分配决策产生负面影响，既有直接影响也有通过董事会和公司高管产生的间接影响。

（3）当前我国农业上市公司财务决策不理性的原因在于以下两点：第一，大股东实际控制程度过高；第二，其他大股东对第一大股东的制衡机制、董事会对大股东的约束机制以及公司高管治理机制尚未发挥作用，有的甚至是缺失的。这是对大股东行为进行内部治理的重点。

4 大股东行为对上市公司财务决策 影响的实证分析

在上一章大股东行为对公司财务决策的影响机理分析中，本书发现大股东行为会对公司财务决策产生负面影响，有大股东治理机制的直接影响，也有大股东通过董事会和公司高管产生的间接影响。本章将利用我国农业上市公司2007~2015年的样本数据，对大股东行为分别对公司融资决策、投资决策、利润分配决策的影响进行实证分析，找到大股东行为影响财务决策的具体形式。通过将样本分组对大股东行为的影响进行对比分析，确定大股东的存在是否对公司财务决策产生实质性影响，使实证分析结果更具有稳健性。

4.1 大股东行为对融资偏好的影响分析

大股东行为对上市公司融资决策的影响主要体现在大股东的融资偏好上。为了实现企业价值最大化的财务管理目标，企业往往需要寻求最佳的融资结构，即合理搭配股权融资和债权融资的比例。企业会根据自己的目标函数和收益成本约束来选择相应的融资方式，以实现最佳融资结构。融资结构是企业如何利用不同资金来源进行全面运营和发展的集中体现（Trivedi Savita，2012），是公司财务决策的重要组成部分，它影响企业价值并且会导致息税前利润和股票市场价值的变化，并与企业成本之间存在紧密的联系。有效融资决策的目的是最大化企业价值并降低资本成本。

4.1.1 研究假说

对于公司融资方式的选择，西方融资有序理论（Pecking Order Theory）是比较经典的。融资有序理论认为，不同融资方式筹资成本的不同源于信息不对称。企业偏好留存收益形式的内源融资，因为这种筹资方式筹资费用为0。由于与权益资本相比，债务资本的筹资成本比较低，因此债务资本属于第二位的选择。企业融资一般会遵循内源融资、债务融资、权益融资这样的先后顺序。国外研究者在很多实证研究（Rajan和Zingales，1995；Booth等，2001；Nivorozhkin，2005）中已证实的企业盈利能力与债务比率之间的负相关关系，经常被视为对融资有序理论的重要支撑。

但是我国上市公司在融资过程中并没有严格遵循内源融资、债务融资、权益融资的融资顺序，而是对股权融资情有独钟（黄少安等，2012；张祥建等，2005；雒敏，2011；章卫东等，2003；钟海燕等，2010；刘力，2003）。从融资偏好上来看，负债的相机治理作用导致大股东更偏好股权融资，降低了公司的资产负债率。负债对大股东的相机治理作用是由负债本身的属性所决定的。首先，负债的本质特性是到期无条件还本付息的法律强制性，这大大降低了大股东控制下经营者掌握的自由现金流，使得占款、担保、无形资产交易、资产收购等大股东侵占行为无法实施。其次，对公司控制权的争夺使大股东控制下的经营者在能够按期偿还债务的前提下拥有控制权，否则，公司控制权便由经营者转移到债权人手中，使债权人享有公司破产状态下的控制权。综上所述，负债的治理作用造成了对西方经典融资决策理论的违背，形成了大股东对上市公司融资结构的影响。股权融资偏好最直接的影响是降低公司的资产负债率，因此，本书使用资产负债率作为融资结构的代理变量。

（1）股权集中度与融资结构。关于股权集中度与融资结构之间的关系，主要存在两种观点：第一，"有效监督假说"。大量研究观察到，公司经营者并不总是以股东财富最大化确定最优资本结构，当缺乏对经营者的有效约束时更是如此。股东希望充分利用负债的杠杆作用实现股东利益最大化；相反，由于负债融资方式存在到期还本付息的硬约束，随着负债融资的增加，经营者对资金的自由裁量权会不断减少（Jensen，1986），为了减轻支付利息的绩效压力，同时降低财务困境下所必须承担的破产风险，经营者表现为尽可能地避免负债融资，公司负债水平低于最优资本结构。有效监督假说认为，股权集中能够带来对公司经营者更好的监督，使得公司负债水平高于内部经营者所希望的低水平，大股东的存在降低了经营者的机会主义行为，从而降低了经营者与股东之间的代理矛盾（Gillan和Starks，2000）。因此，这种观点认为股权集中度越高，公司资产负债率越高。第二，"消极投票人假说"。Pound（1988）认为，大股东并不总是对经营者进行积极监督，而是与内部经营者共谋，共同侵占中小股东的利益。如果消极投票人假说成立，公司负债比率将反映经营者的意愿，因此，负债比率将与股权集中度成反比。

近四年来，我国农业上市公司中国有股最高占比达到76.99%，均值最高达到19.54%，国有股控股现象明显。为了将所有权和经营权两权分离，1988年中央政府和各级地方政府成立了国有资产管理局。为了解决治理不明晰问题改善公司治理，防止各部委的参与，2003年中央政府和地方各级政府成立了国有资产监督管理委员会，代替原来的国有资产管理局。也就是说，国有股股东一直是由其代理人行使股东权利和职责，并不是积极监督者，更倾向于消极投票人。郝颖（2006）的研究也显示，我国上市公司通常处于大股东及经营者的交替控制之下，大股东与经营者合谋倾向更加明显。基于以上两点，本书提出假说1。

假说1：股权集中度越高，资产负债率越低。

（2）股权制衡与融资结构。股权制衡是指在股权制度安排中，任何一个大股东都不能独享公司控制权，而是由两个或两个以上的大股东共同分享。大股东之间互相监督，彼此牵制对方不能独自掌控公司的决策权力，从而在一定程度上抑制大股东对中小股东的侵占，有的学者也将大股东制衡称为"大股东竞争"（申尊焕，2005）。Pagano和Roell（1998）指出，当多个大股东共同分享公司控制权时，通过相互之间的牵制，使得任何一个大股东都无法单独控制财务决策，达到大股东之间相互监督的制度安排。股权制衡的作用主要表现为以下两个方面：第一，能够保留股权相对集中的优势；第二，能够有效抑制"一股独大"对上市公司利益的侵害从而降低大股东的股权融资偏好对资本结构的影响。因此，本书提出假说2。

假说2：股权制衡度越高，资产负债率越高。

（3）独立董事比例与融资结构。从代理理论角度来看，与内部董事相比，独立董事并非公司雇员，与内部人较小的利益冲突使其与外部投资者的利益更加紧密，对公司财务决策的监管更加有效，因此，能够使公司获得更良好的业绩。另外，独立董事可以为董事会提供咨询服务，他们除了可以利用自身的专业知识对董事会进行全面、互补的指导，还可以通过制定战略实施对董事会团队的管理（Rebeca García-Ramos，2012）。我国于2001年开始强制要求上市公司聘任一定比例的独立董事，是完善公司治理机制的一项重要举措。独立董事制度设立的初衷是由独立董事代表广大中小股东对公司内部人进行监督，当大股东存在违法或违规行为而对中小股东利益和公司利益造成侵害时，独立董事有权也有义务发表独立意见或对大股东的行为予以否决，防止侵害后果的发生。有理由相信，为了顾及自身的名誉和社会声望，理性的独立董事不会与大股东勾结，在公司决策中不会出于自利目的而屈从于大股东的偏好，他们只对中小股东合法利益和公司良好的经营业绩负责。因此，本书提出假说3。

假说3：独立董事比例越高，资产负债率越高。

（4）两职合一与融资结构。董事长与总经理的两职合一将使企业控制权高度集中，将削弱董事会的监督职能，降低董事会的独立性。大股东通过股权融资追求自身利益最大化而非全体股东利益最大化将变得更加容易，这使公司股权融资倾向更明显。因此，本书提出假说4。

假说4：两职合一将降低资产负债率。

（5）公司高管持股比例与融资结构。公司高管持股比例在一定程度上影响筹资偏好。对我国农业上市公司内部治理特征的描述统计显示，我国农业上市公司高管持股比例普遍较低，在这种情况下，经营者效用主要来自于其岗位薪酬，持股收益对经营者的吸引力远小于其职位报酬。经营者将不愿意采取负债融资方式提高公司经营风险，因为高破产风险将对自己的职位造成威胁。因此，本书提出假说5。

假说5：公司高管持股比例越低，资产负债率越低。

（6）大股东属性与融资结构。我国属于高股权集中度国家之一，而且终极控制权的透明度比较低。国有股东拥有足够的政治影响力，国家控股企业能够更容易获得国有银行的债务融资，也就是说国有股控股的上市公司可以拥有比其他类型控股的企业更容易的债务资本渠道。另外，政治上强大的国有股股东可以帮助企业从金融机构得到更优惠的待遇。综上所述，本书认为，国家控股上市公司更容易获得债务资本，这种融资方式的平均资本成本也较低。因此，本书提出假说6。

假说6：国家控股上市公司的资产负债率较高。

4.1.2 回归分析

4.1.2.1 变量设置

（1）因变量Leverage——上市公司融资偏好代理指标，本书用公司负债总额与资产总额之比表示。

81

（2）解释变量。Concentration——股权集中度指标，本书用公司第一大股东持有公司股票占公司股票总额的比例表示。Restriction——股权制衡度指标，本书用第二大股东至第五大股东持股总额与第一大股东持股额之比表示。ID-ratio——独立董事比例指标。Duality——两职合一情况。Exe-ratio——公司高管持股比例指标。Property——国家控股情况。

（3）控制变量。除上述解释变量外，本书还选取之前文献中会对融资偏好产生影响的控制变量。

Age——上市年限。定义为选取样本年减去公司上市年，因为对于上市时间比较短、现金流较少的年轻上市公司，股权融资可能是其唯一的选择。Ln-Size——公司规模变量，用公司总资产账面价值的自然对数计算。Sales-growth——销售增长率指标，定义为过去一年的销售总额增长率。强劲的销售增长可能会增加公司的现金流，从而降低对外部融资的需求，此外，强大的销售增长也可以视为公司成长机会的信号。

各变量符号及计算方法如表4-1所示。

表4-1　变量设置

变量名称		变量符号	变量含义
结果变量	资产负债率	Leverage	公司负债总额与公司资产总额之比
解释变量	股权集中度	Concentra-tion	公司第一大股东持有公司股票占公司股票总额的比例
	股权制衡度	Restriction	第二大股东至第五大股东持股总额与第一大股东持股额之比
	独立董事比例	ID-ratio	独立董事人数占董事会总人数的比例
	两职合一	Duality	董事长、总经理由一人承担，则取值1；否则，取值0
	公司高管持股比例	Exe-ratio	公司高管持股股本与总股本之比
	大股东属性	Property	国家控股取值1；否则，取值0
控制变量	上市年限	Age	选取样本年减去公司上市年
	公司规模	Ln-Size	公司资产总额账面价值的自然对数
	销售增长率	Sales-growth	过去一年的销售总额增长率（速度）

本书将采用下述计量模型检验以上提出的研究假说。

$$Leverage = \alpha + \beta_1 Concentration + \beta_2 Restriction + \beta_3 ID\text{-}ratio + \beta_4 Duality +$$
$$\beta_5 Exe\text{-}ratio + \beta_6 Property + \beta_7 Age + \beta_8 Size + \beta_9 Sales\text{-}growth$$

4.1.2.2 数据来源

本章以本书界定的农业上市公司为研究对象，收集样本数据使用的是国泰安 CSMAR 数据库、证券之星数据中心、和讯网数据中心，以国泰安 CSMAR 数据库为主，以证券之星数据中心、和讯网数据中心披露的上市公司年报数据为补充，按照相关指标的计算方法，将附表1中的原始数据进行整理之后，形成各指标值。

4.1.2.3 分析及结果

（1）描述统计及相关性研究。表4-2显示，近八年来，我国农业上市公司中第一大股东持有公司股票占公司股票总额的比例均比较高，均值全部在35%左右，最高均值出现在2011年的36.9310%，可见，我国农业上市公司中普遍存在控股股东，为了追求个人利益最大化，他们有足够的能力对公司财务决策产生影响。我国农业上市公司中股权制衡力度偏弱，第二至第五大股东持股总额均为第一大股东持股额的一半左右。公司高管持股比例很低，最大值为2012年的0.001253%，最小值为2008年的0.000089%，这说明高管持股激励在我国农业上市公司的公司治理中并未发挥其应有的作用，这与大股东对公司财务决策影响的路径研究中得出的结论是一致的。在219个样本中，上市公司董事长与总经理两职合一的样本为46个，占比21%。

表4-2 描述性统计分析

年份	统计指标	Leverage	Concentration（%）	Restriction	ID-ratio（%）	Duality	Exe-ratio（%）	Property
	均值	0.3919	35.2689	0.4767	0.3526	0.0556	0.000089	0.3333
	最大值	0.6799	68.6400	1.3644	0.4286	1.0000	0.000943	1.0000
2008	最小值	0.2004	10.3100	0.0295	0.2500	0.0000	0.000000	0.0000
	中位数	0.4021	30.2850	0.4665	0.3452	0.0000	0.000000	0.0000
	标准差	0.1270	17.2910	0.3904	0.0418	0.2357	0.000243	0.4851

续表

年份	统计指标	Leverage	Concentration（%）	Restriction	ID-ratio（%）	Duality	Exe-ratio（%）	Property
2009	均值	0.3931	36.0132	0.4601	0.3448	0.0526	0.000364	0.3684
	最大值	0.6615	66.5100	1.3671	0.4286	1.0000	0.005317	1.0000
	最小值	0.0830	10.3100	0.0426	0.1667	0.0000	0.000000	0.0000
	中位数	0.4023	32.9100	0.3217	0.3333	0.0000	0.000000	0.0000
	标准差	0.1467	17.0184	0.4116	0.0518	0.2294	0.00122	0.4956
2010	均值	0.3928	36.8536	0.4980	0.3591	0.1364	0.000568	0.3636
	最大值	0.6748	64.1400	1.5114	0.4444	1.0000	0.005393	1.0000
	最小值	0.1139	10.3100	0.0250	0.3333	0.0000	0.000000	0.0000
	中位数	0.4018	35.2250	0.3151	0.3333	0.0000	0.000000	0.0000
	标准差	0.1682	16.0250	0.4390	0.0373	0.3513	0.00157	0.4924
2011	均值	0.3162	36.9310	0.5557	0.3776	0.2667	0.001113	0.3333
	最大值	0.6588	72.9800	2.3979	0.4444	1.0000	0.006509	1.0000
	最小值	0.0352	8.7700	0.0559	0.3333	0.0000	0.000000	0.0000
	中位数	0.2681	37.6950	0.3712	0.3750	0.0000	0.000000	0.0000

续表

年份	统计指标	Leverage	Concentration（%）	Restriction	ID-ratio（%）	Duality	Exe-ratio（%）	Property
2011	标准差	0.1685	16.3162	0.5130	0.0427	0.4498	0.002033	0.4795
2012	均值	0.3855	36.4213	0.5232	0.3805	0.2333	0.001253	0.3000
	最大值	0.6609	72.9800	2.3979	0.5556	1.0000	0.006563	1.0000
	最小值	0.0953	8.7700	0.0307	0.3333	0.0000	0.000000	0.0000
	中位数	0.3539	37.0400	0.3279	0.3693	0.0000	0.000002	0.0000
	标准差	0.1637	16.3235	0.5276	0.0508	0.4302	0.00209	0.4661
2013	均值	0.4057	36.4316	0.5184	0.3688	0.2500	0.001075	0.3125
	最大值	0.6752	72.9800	1.8367	0.6000	1.0000	0.006505	1.0000
	最小值	0.0496	10.9200	0.0235	0.0000	0.0000	0.000000	0.0000
	中位数	0.3933	37.0400	0.3119	0.3636	0.0000	0.000016	0.0000
	标准差	0.1742	16.8978	0.4997	0.0999	0.4399	0.00199	0.4709
2014	均值	0.4161	35.8727	0.5097	0.3220	0.2424	0.000944	0.2727
	最大值	0.6552	70.3200	2.1220	0.6667	1.0000	0.006420	1.0000
	最小值	0.0555	10.9200	0.0153	0.0000	0.0000	0.000000	0.0000

续表

年份	统计指标	Leverage	Concentration（%）	Restriction	ID-ratio（%）	Duality	Exe-ratio（%）	Property
2014	中位数	0.4337	37.5400	0.3436	0.3333	0.0000	0.000026	0.0000
	标准差	0.1631	16.4629	0.4788	0.1794	0.4352	0.001900	0.4523
2015	均值	0.4003	34.5382	0.6319	0.4160	0.2941	0.001193	0.2647
	最大值	0.8168	70.3200	2.7046	1.0000	1.0000	0.009968	1.0000
	最小值	0.0746	2.3700	0.0257	0.0000	0.0000	0.000000	0.0000
	中位数	0.3796	35.4200	0.4902	0.4143	0.0000	0.000041	0.0000
	标准差	0.1761	16.7459	0.6221	0.1898	0.4625	0.002303	0.4478

表4-3显示，通过相关性研究可以看出，纳入实证分析模型的自变量绝大多数不存在高度相关性，可以认为自变量之间不存在显著的多重共线性。

表4-3 相关性研究

Coefficient of Association	Concentration	Restriction	ID-ratio	Duality	Exe-ratio	Property	Age	Ln-Size	Sales-growth
Concentration	1								
Restriction	−0.6829	1							
ID-ratio	−0.1533	0.0966	1						
Duality	0.0650	0.0091	−0.0276	1					
Exe-ratio	0.1350	0.0207	0.0091	0.2627	1				
Property	0.2939	−0.0357	−0.0907	−0.1522	−0.3204	1			
Age	−0.3427	0.0855	0.1975	−0.3255	−0.4906	0.1165	1		
Ln-Size	0.2264	−0.0923	0.0394	0.1375	0.0305	0.0663	0.0029	1	
Sales-growth	0.0783	−0.0443	0.0187	−0.0346	−0.0325	−0.0453	0.0594	−0.0573	1

（2）实证分析结果。使用SPSS17.0作为统计分析工具，建立因变量与自变量之间的多元线性回归方程。首先，对模型的拟合性进行检验。输出结果显示，F统计量的Significance值为0.000009<0.01，说明方程的拟合性较好。其次，对系数的显著性进行检验（见表4-4）。

表4-4 系数的显著性检验（1）

Parameter Estimation	Coefficients	标准误差	t Stat	P-value
Intercept	−1.039255	0.262814	−3.954338	0.000105
Concentration	−0.001645*	0.001125	−1.462958	0.104981
Restriction	0.074762**	0.031487	2.374331	0.018486
ID-ratio	−0.114981	0.092471	−1.243432	0.215102
Duality	−0.012259	0.027516	−0.445534	0.556395
Exe-ratio	2.481532	6.828155	0.363426	0.516654
Property	0.018675	0.027329	0.683321	0.395161
Age	−0.000532	0.002833	−0.187878	0.851154
Ln-Size	0.072945***	0.012691	5.747760	0.000000
Sales-growth	0.000084	0.000105	0.808185	0.419903

注：标准化系数的上标***、**和*分别表示在1%、5%、10%的水平下显著。

从表4-4中可以看出，股权集中度、股权制衡度、公司规模的参数均能通过显著性检验；独立董事比例、大股东属性、销售增长率等变量的参数检验值虽然略高于10%的置信度水平，但是超出部分并不多，可以将以上变量保留在模型中；两职合一、公司高管持股比例、上市年限对应的P值，显著大于0.1的置信度水平，说明这些变量无法通过参数的显著性检验，将其从模型中删除。为了保证信息不流失，先将P值最大的上市年限这一控制变量删除。

将最不显著的自变量从模型中删除之后，系数的显著性检验结果如表4-5所示。

最终形成的多元线性回归模型为：

$$\text{Leverage} = -1.03842 - 0.001567\text{Concentration} + 0.073509\text{Restriction} - 0.118237\text{ID-ratio} - 0.013483\text{Duality} + 2.929488\text{Exe-ratio} + 0.01796\text{Property} + 0.072586\text{Ln-Size} + 0.000082\text{Sales-growtht}$$

（3）实证结果分析。从回归模型中可以看出，股权集中度与资产负债率负相关，即从现金流角度衡量的大股东控制程度越高，上市公司的资产负债率就越低，大股东往往希望通过资金成本率更高的股权融资方式而非更经济的债务融资方式，以摆脱负债对自身行为的控制和约束，验证了假设1的观点。股权制衡度与资产负债率正相关，说明其他大股东对第一大股东制衡作用更明显的上市公司，在制定融资决策时更偏好于使用负债方式，一方面降低筹资成本，另一方面也能有效抑制"一股独大"对上市公司利益的侵害，假设2得到验证。

表4-5　系数的显著性检验（2）

Parameter Estimation	Coefficients	标准误差	t Stat	P-value
Intercept	−1.038420	0.262172	−3.960834	0.000102
Concentration	−0.001567*	0.001042	−1.504161	0.134042
Restriction	0.073509**	0.030703	2.394211	0.017535
ID-ratio	−0.118237	0.090624	−1.304698	0.193424
Duality	−0.013483	0.026673	−0.505489	0.313746
Exe-ratio	2.929488	6.383634	0.458906	0.646776
Property	0.017960	0.027001	0.665157	0.306680
Ln-Size	0.072586***	0.012518	5.798679	0.000000
Sales-growth	0.000082	0.000104	0.794779	0.427639

注：标准化系数的上标***、**和*分别表示在1%、5%、10%的水平下显著。

独立董事比例的回归系数为−0.118237，独立董事的占比越高，大股东反而更容易从自身利益出发制定筹资决策，这与假设3提出的观点不一致。曲亮等（2014），刘浩、唐松和楼俊（2012），唐雪松、周晓苏和马如静（2007），李焰和秦义虎（2011）等都曾探讨过独立董事在我国上市公司中作用的发挥，陈勇指出，随着我国引入独立董事的上市公司不断增加，独立董事制度在实施过程中遇到的障碍也凸显出来，其中制度障碍、市场障碍和公司内部条件障碍是阻碍独立董事制度在大股东治理中产生良性影响的三大因素。独立董事的产生需要通过股东大会，而大股东尤其是控股股东对股东大会的绝对影响力造成独立董事沦为摆设，造成严重的内部人控制问题。加之我国的信用体系不完善，独立董事伙同大股东一起欺骗中小股东的现象就在所难免。独立董事比例的参数估计值为负说明在我国农业上市公司中，独立董事制度对大股东的约束机制严重缺失，甚至是产生负面影响，这与本书第三章得出的研究结论一致，也是公司治理和对大股东内部规制的重点。

两职合一对资产负债率的回归系数为–0.013483，说明董事长与总经理的两职合一将有利于大股东制定有利于自身的筹资决策，这与假设4提出的观点一致。公司高管持股比例的回归系数为正，表明公司高管持股比例越低，资产负债率越低，这与假设5提出的观点相符，与"激励相容理论"观点相同。但是公司高管持股比例系数的P值为0.646776，无法顺利通过参数的显著性检验，造成这一结果的原因主要是样本中，高管持股比例均值仅为0.0009%，几乎接近于零，而且高管持股比例为0%的样本占全样本数量的43.38%，这就造成了样本在研究高管持股比例与上市公司筹资偏好关系时代表性不够充足。大股东属性的回归系数为0.017960，说明大股东属性对融资偏好的影响为正，国家持股的农业上市公司，其资产负债率更高，这与假设6提出的观点是一致的，国家控股的农业上市公司更容易获得债务市场的融资，其获得债务资本的成本和交易费用也更低。

4.2 大股东行为对投资效率的影响分析

企业价值由两部分构成：一是由过去投资行为所获得的现有资产价值，二是在未来投资行为中预期产生的现金流量的现值。因此，从一个企业的价值创造角度来看，股权结构对公司投资决策的影响在很大程度上决定公司价值最大化的实现。

由于大股东对控制权私有收益追求的自利行为，股权集中公司往往出现投资业绩差和投资无效率。上市公司的投资无效率表现为投资过度（Over Investment）或者投资不足（Under Investment）两种情况：投资过度问题是指接受对公司价值而言并非最优的投资机会，尤其是净现值小于零的项目，从而降低资金配置效率的一种低效率投资决策行为；投资不足问题是指因企业放弃净现值为正的投资项目而使公司利益受损并进而降低企业价值的现象（杨雄胜，2009）。

从投资效率来看，大股东与债权人之间的委托代理问题会引起公司投资过度或者投资不足。Jensen和Meckling（1976）在风险转移问题中提出，由于股东只承担公司风险损失的有限责任，而且债权人无法控制管理层以及大股东在事前采取对债权人有害的行动，一旦获得了债权人的资金，股东可能就会背弃契约和债务融资时向债权人做出的低风险投资项目承诺。

如果债务资金投放的高风险项目成功，股东可以获得全部超过低风险投资项目的剩余收益，而按照债务契约，债权人只能获得固定利息部分；如果投资失败，由于股东只承担出资额部分的有限责任，通过这种项目他们可以获得几乎所有的收益，而风险却转移给了债权人来承担，这大大增加了债权人的风险。从我国近几年的实际情况看，更多地表现为企业利用股权融资资金投资于各种效益并不理想的新投资项目，以扩大企业投资规模，甚至将资金投入在与企业主营业务无关的领域，导致企业过度投资行为的频繁发生（杨亦民，2006）。另一种投资无效率是投资不足问题。Myers（1977）指出，当公司负债增加时，股东倾向于放弃净现值（NPV）为正的投资项目。这是因为股权持有人承担全部投资成本，但只获得投资净收益的一部分，其余归债权人所有，公司的负债比例越高，股东得到的剩余部分也就越少。理性的债权人会对股东转移风险动机和投资不足动机产生预期，从而要求更高的投资回报率，造成公司投资不足。

投资无效率的发生受到多个因素的影响，本书接下来将对股权集中度、股权制衡度、大股东属性等因素对投资无效率的影响进行理论分析，提出研究假说并予以验证。

4.2.1　研究假说

（1）股权集中度与投资效率。股权集中度对投资效率的影响可以分为三个阶段。在伯利和米恩斯（1932）的公司治理结构范式中，股权是广泛分布的，分散的中小股东缺乏参与公司治理和对管理者监督的动机和兴趣。股东监督的缺位削弱了公司的内部控制，导致严重的"管理者控制"问题，比如次优财务决策、投资不足、投资过剩和其他无效率投资行为。随着股权的不断集中，大股东出现，他们有更强的动机参与到公司治理和对经营者的监管中，大股东对经营者的主动监督降低了代理成本，减少了由于经营者的"自利行为"而引起的无效率投资，改善了投资绩效。这就是所谓的大股东"利益协同效应"（Alignment Effect）。

然而，股权的进一步集中将产生另一类代理问题，就是大股东与中小股东之间的代理冲突。在高度集中的股权结构中，大股东凭借股权绝对优势获得了控制公司的机会，有足够动机和能力参与公司治理，并有权对公司财务活动进行管理并制定决策。此时，如果没有有效的股权制衡机制或适当的监督机制，将会出现"大股东控制"。在这样的背景下，来源于特定股东的货币资本和实物资本构成了控制性资源，将对公司的成长和发展产生决定性的影响。控制性资源越集中，控股股东就越有可能提高他们的经营控制权，其中就包括投资决策权。后果是，控股股东以自身利益最大化为出发点和终极目标，甚至与经营者共谋，肆意攫取控制权私有收益，恶化公司投资绩效，造成所谓的大股东"防御效应"（Entrenchment Effect）。

如果股权再进一步集中，任何无效率投资都将对控股股东造成更大的损失，在这种情况下，大股东与中小股东的利益又将趋于一致。出于对自身风险和协同效应的考虑，大股东的无效率投资行为又将减少，从而改善投资绩效。

综上所述，股权集中度对投资效率的影响很有可能是非线性的。本书提出假说7。

假说7：股权集中度与投资效率之间存在着非线性关系：最初是负相关关系，之后变为正相关关系。

（2）股权制衡度与投资效率。股权制衡度是一项重要的公司内部治理机制，在有效的股权制衡机制下，没有一个大股东可以单独控制公司的决策过程，大股东在进行投资决策时，需要考虑其他大股东的反应，一股独大变成大股东之间的博弈。此时，投资决策是多个大股东利益谈判协调的结果。由于其他大股东的监督，追求个人利益最大化的任一大股东都将受到牵制，这将有助于降低单个大股东行为引起的投资无效率。因此，本书提出假说8。

假说8：股权制衡度与投资效率正相关。

（3）大股东属性与投资效率。本书根据所有权性质将上市公司分为两种类型：国有上市公司和非国有上市公司。2003年中央政府和地方各级政府成立国有资产监督管理委员会，代表国家行使股东职责，由于各级国资委并不能像非国有上市公司的大股东那样，积极地对管理者进行有效监督，因此，国有上市公司普遍存在所有者事实缺位的现象，造成比较严重的"经营者控制"问题。经营者构造企业帝国的倾向很容易导致投资过度的发生。另外，在国有上市公司中，预算软约束[①]行为经常发生，监管机

[①] 预算软约束的概念是由 Kornai（亚诺什·科尔奈）于1986年提出的。向企业提供资金的机构（政府或银行）未能坚持原先的商业约定，使企业的资金运用超过了它当期收益的范围，这种现象被称为"预算软约束"。

构对这些企业的监管力度也是相对比较薄弱而松散的，尤其是地方政府控股企业，为了促进地方政府的利益，这些企业有强烈的扩建动机，很容易导致过度投资。因此，本书提出假说9。

假说9：国有控股上市公司更容易出现投资过度。

4.2.2 回归分析

4.2.2.1 变量设置

（1）因变量。Efficiency——公司投资效率指标。如第三章所述，计算投资效率分两个步骤进行。首先，参考Scott Richardson（2006）构建的过度投资问题模型，建立新增投资模型；其次，用公司新增投资的实际值与其拟合值相减，大于零为过度投资（用Over-Investment表示），小于零为投资不足（用Under-Investment表示），二者皆为无效率投资。

（2）解释变量。Concentration——股权集中度，用公司第一大股东持有公司股票占公司股票总额的比例表示。Restriction——股权制衡度指标，用第二大股东至第五大股东持股总额与第一大股东持股额之比表示。ID-ratio——独立董事比例指标。Duality——两职合一情况。Exe-ratio——公司高管持股比例指标。Property——国家控股情况。

（3）控制变量。Leverage——负债水平指标，用负债总额与同期资产总额之比表示。以往的大量研究表明，如果存在信息不对称，融资将影响企业投资行为，负债在投资决策中的作用也一直备受关注。负债水平对公司投资效率的影响有两个方面：其一，债务的增加会提高破产风险，管理者担心股东会追究自己的责任，从而遏制债务筹资并且降低投资，结果是，有可能出现投资不足问题。同时，高债务导致的高利息支付负担减少了手中的资金，因此，债务对有投资机会公司的投资行为产生了负面影响。其二，与以上观点相反，Jensen（1986）指出，负债可以降低管理者手中的现金流量，从而限制管理者投资的自主裁决能力和那些只对管理者有利，但是对公司长期盈利能力不利的投资项目，达到抑制过度投资的目的，也就是说，负债水平对投资效率产生了积极影响。

Profit-growth——净利润增长率，用过去一年的净利润增长速度表示。净利润增长率代表企业的成长性。Jensen认为，债务不仅对高成长公司具有导致投资不足的负面影响，而且对低成长公司具有抑制过度投资的积极作用。

Age——上市年限，定义为选取样本年减去公司上市年。

Ln-Size——公司规模变量，用公司总资产账面价值的自然对数计算。

各变量符号及计算方法如表4-6所示。

表4-6　变量设置

变量名称		变量符号	变量含义
因变量	投资效率	Efficiency	公司新增投资的实际值与其拟合值之差
	投资不足	Under-Investment	公司新增投资的实际值小于其拟合值部分
	投资过度	Over-Investment	公司新增投资的实际值大于其拟合值部分
解释变量	股权集中度	Concentration	公司第一大股东持有公司股票占公司股票总额的比例
	股权制衡度	Restriction	第二大股东至第五大股东持股总额与第一大股东持股额之比
	大股东属性	Property	国家控股取值1；否则，取值0
	独立董事比例	ID-ratio	独立董事人数占董事会总人数的比例
	两职合一	Duality	董事长、总经理由一人承担，则取值1；否则，取值0
	公司高管持股比例	Exe-ratio	公司高管持股本与总股本之比
控制变量	负债水平	Leverage	负债总额与同期资产总额之比
	上市年限	Age	选取样本年减去公司上市年
	公司规模	Ln-Size	公司资产总额账面价值的自然对数
	净利润增长率	Profit-growth	过去一年的净利润增长率（速度）

4.2.2.2　数据来源

利用表4-6的方法和附表1的原始数据计算各观测变量值。

4.2.2.3　分析及结果

（1）描述统计及相关性研究。从表4-7中可以看到，2008~2015年，投资不足的样本数量均大于投资过度的样本数量，这一特点与前文阐述的我国农业上市公司整体规模偏小，每股收益、净利率、每股经营性现金流等盈利能力差，无力保障企业有效投资的特征相同，这也是造成我国农业上市公司投资不足的原因之一。

表4-8显示，通过相关性研究可以看出，纳入实证分析模型的自变量绝大多数不存在高度相关性，可以认为自变量之间不存在显著的多重共线性。股权集中度和股权制衡度之间的相关系数为-0.6819，选择将二者分别与因变量建立模型。

表4-7 描述性统计分析

年份	指标	Efficiency	Under-Investment	Over-Investment
2008	均值	-0.00000111	-102528432.59705300	91136384.5307
	最大值	203992896.6776	-8466828.3412	203992896.6776
	最小值	-249412177.9419	-249412177.9419	2875943.0814
	中位数	2875943.0814	-96152403.7221	78185839.2795
	标准差	120145131.2586	72858588.7707	66096352.1537
	样本个数	17	8	9
2009	均值	-0.00000121	-133314377.6661	96955911.0259
	最大值	232821468.2087	-4150984.4207	232821468.2087
	最小值	-292113571.6017	-292113571.6017	14296294.8851
	中位数	37512975.2222	-81800938.3410	77522079.2393
	标准差	145496220.6345	117491860.6642	62311813.3619
	样本个数	19	8	11
2010	均值	-0.00000128	-114810371.8551	126291409.0406
	最大值	479071866.3687	-797036.2641	479071866.3687
	最小值	-270566494.4522	-270566494.4522	19266540.2807
	中位数	-797036.2641	-102747962.8544	93258491.8245
	标准差	169098160.5567	101992997.1599	134729031.3766
	样本个数	21	11	10
2011	均值	-0.00000120	-104293391.6629	220174937.9551
	最大值	835819729.8147	-8002516.6592	835819729.8147
	最小值	-266538723.4601	-266538723.4601	41535.6538
	中位数	-55922825.5815	-82519134.8829	148886313.1784

年份	指标	Efficiency	Under-Investment	Over-Investment
2011	标准差	215868648.8382	72836775.0534	254884462.1592
	样本个数	28	19	9
2012	均值	−0.00000112	−116319900.6043	271413101.4101
	最大值	936918675.7163	−112996.4233	936918675.7163
	最小值	−267916403.6656	−267916403.6656	1220368.8760
	中位数	−39604570.2531	−97563846.3693	162030457.4214
	标准差	260977180.9930	88995271.2174	329704046.3865
	样本个数	30	21	9
2013	均值	−0.00000101	−155533773.7528	296928113.5281
	最大值	1126979952.2273	−3009056.5952	1126979952.2273
	最小值	−517260256.4980	−517260256.4980	8713611.0946
	中位数	−73082793.1500	−130609574.8853	92733789.0414
	标准差	329340631.6504	124736719.1451	396661394.4287
	样本个数	32	21	11
2014	均值	−0.00000103	−132035664.3803	290478461.6366
	最大值	1411981140.5821	−5610407.9822	1411981140.5821
	最小值	−378322695.7532	−378322695.7532	4681522.8048
	中位数	−53759868.7535	−97837689.8759	104032449.5372
	标准差	321449324.2690	111954305.9965	436233637.3955
	样本个数	32	22	10
2015	均值	−0.00000117	−142131550.4637	326902566.0664
	最大值	1304770884.8563	−9476358.2919	1304770884.8563
	最小值	−368430639.5272	−368430639.5272	39653813.3070
	中位数	−63686532.4510	−144467585.1705	75863413.5889
	标准差	340839643.9078	98270565.5328	468063666.1025
	样本个数	33	23	10

注：Under-Investment表示有效投资不足，其指标值均使用负数表示。

根据相关性研究的结果，本书将采用下述计量模型检验以上提出的研究假说。

$$|\text{Under - Investment}| \, (\text{or Over - Investment}) = \alpha + \beta_1 \text{Concentration} + \beta_2 \text{Concentration}^2 +$$
$$\beta_3 \text{Property} + \beta_4 \text{ID - ratio} + \beta_5 \text{Duality} +$$
$$\beta_6 \text{Exe - ratio} + \beta_7 \text{Control - Variable}$$

（模型1）

$$|\text{Under - Investment}| \, (\text{or Over - Investment}) = \alpha + \beta_1 \text{Restriction} + \beta_2 \text{Property} +$$
$$\beta_3 \text{ID - ratio} + \beta_4 \text{Duality} + \beta_5 \text{Exe - ratio} +$$
$$\beta_6 \text{Leverage} + \beta_7 \text{Age} + \beta_8 \text{Ln - Size} +$$
$$\beta_9 \text{Profit - growth}$$

（模型2）

$$\text{Over - Investment} = \alpha + \beta_1 \text{Property} + \beta_2 \text{ID - ratio} +$$
$$\beta_3 \text{Duality} + \beta_4 \text{Exe - ratio} + \beta_5 \text{Leverage} + \quad （模型3）$$
$$\beta_6 \text{Age} + \beta_7 \text{Ln - Size} + \beta_8 \text{Profit - growth}$$

表4-8　相关性研究

Coefficient of Association	Concentration	Restriction	Property	ID-ratio	Duality	Exe-ratio	Leverage	Age	Ln-Size	Profit-growth
Concentration	1									
Restriction	−0.6819	1								
Property	0.2883	−0.0275	1							
ID-ratio	−0.1560	0.0989	−0.0926	1						
Duality	0.0558	0.0129	−0.1365	−0.0254	1					
Exe-ratio	0.1339	0.0163	−0.3085	0.0148	0.2159	1				
Leverage	0.1369	−0.1653	0.0342	−0.0776	0.0799	0.0285	1			
Age	−0.3360	0.0914	0.1155	0.1991	−0.3071	−0.4684	−0.0449	1		
Ln-Size	0.2008	−0.0755	0.0580	0.0430	0.1361	0.0263	0.3968	0.0223	1	
Profit-growth	0.1363	−0.0795	0.0765	0.0257	0.0210	−0.0396	−0.0202	0.0515	0.1460	1

（2）实证分析结果。使用SPSS17.0作为统计分析工具，分别建立因变量与自变量之间的多元线性回归方程（回归方程参数估计如表4-9所示）。

表4-9 模型参数估计结果

模型参数估计结果	变量	模型1	模型2	模型3
解释变量	Intercept	−2331895713	−1806639382	−2782514592
	Concentration	11067434.46***		
	Concentration^2	−129421.4305***		
	Restriction		−36577595.4	
	Property	−84192244.56***	−65232131.5**	−162078331***
	ID-ratio	86917711.06*		
	Duality	115403011.3***	132342807.1***	249775056.7***
	Exe-ratio		10245799674	10269246580
	Leverage		−79972488	--227302537.1
控制变量	Age			13008420.71*
	Ln-Size	106334276.7***	92414770.75***	140659231***
	Profit-growth	474.2114056**	468.7771834**	2260.295188**
	Significance F	8.87E-14	8.78E-13	6.0104E-12
	样本量	212		

注：标准化系数的上标***、**和*分别表示在1%、5%、10%的水平下显著。

首先，对模型1进行参数估计。建立除Restriction之外的所有自变量与投资效率绝对值之间的多元回归方程，变量Exe-ratio、Leverage、Age的参数均无法通过显著性检验，按照逐步计算的思想，在已引入且无法通过显著性检验的自变量中，先删除假定值最大的，也就是变量Exe-ratio。删除后变量Leverage、Age的参数还是不能通过显著性检验，但回归方程的整体解释力增强，因此，重复使用以上自变量的删除方法，按照假定值从大到小的顺序，以此将变量Exe-ratio、Leverage、Age从回归方程中删除。最后剩余的解释变量均能通过参数的显著性检验，如表4-9所示。最终形成的回归模型为：

$$|Under - Investment|(or\ Over - Investment) = -2331895713 + 11067434.46Concentration -$$
$$129421.4305Concentration^2 - 84192244.56Property +$$
$$86917711.06ID - ratio + 115403011.3Duality +$$
$$106334276.7Ln - Size + 474.2114056Profit - growth$$

其次，对模型2进行参数估计。建立除Concentration和Concentration^2

之外的所有自变量与投资效率绝对值之间的多元回归方程，变量 ID-ratio、Age 的参数均无法通过显著性检验，依次将变量 ID-ratio、Age 从模型 2 中删除，回归方程解释力得到提高，说明方程的拟合性改善。最终形成的回归模型为：

$$|Under - Investment|(or\ Over - Investment) = -1806639382 - 36577595.4Re\ striction -$$
$$65232131.5Property + 132342807.1Duality +$$
$$10245799674Exe - ratio -$$
$$79972488Leverage + 92414770.75Ln - Size +$$
$$468.7771834Profit - growth$$

最后，对模型 3 进行参数估计，建立自变量 Property 与投资效率之间的回归方程，方法仍使用逐步计算法。最终形成的回归模型为：

$$Over - Investment = -2782514592 - 162078331Property +$$
$$249775056.7Duality + 10269246580Exe - ratio -$$
$$227302537.1Leverage + 13008420.71Age + 140659231Ln - Size +$$
$$2260.295188Profit - growth$$

（3）实证结果分析。三个回归模型 F 统计量的 Significance 值分别为 8.87E-14、8.78E-13 和 6.0104E-12，均小于 0.01，说明方程的拟合性很好。

模型 1 的输出结果显示，Concentration 的系数为正，同时 $Concentration^2$ 的系数为负，这说明股权集中度与投资效率之间存在非线性相关关系，具体表现为：当股权集中度比较高时，随着股权集中度的增加，投资不足或投资过度的绝对值随之增加，投资无效率越来越明显，股权集中度与投资效率之间表现出负相关；当股权集中度很高时，随着股权集中度的增加，投资不足或投资过度的绝对值随之降低，投资效率越来越高，股权集中度与投资效率之间表现出正相关。这与假设 7 的观点完全一致。

股权制衡度越高，其他大股东相对于第一大股东的势力越强，其他大股东监督的动机和能力也就越高。模型 2 中变量 Restriction 的系数为负，也就是说，随着股权制衡水平的不断提高，投资过度或投资不足的绝对值逐渐降低，投资效率越来越高，说明投资效率与上市公司内部的制衡机制完善程度呈现出正相关，这与假设 8 提出的观点是一致的。也就是说，内部约束机制的建立对于抑制大股东出于个人私利而导致无效率投资的行为是有益的。但同时我们又看到，虽然投资效率与股权制衡度表现出一定的正相关关系，但是变量 Restriction 的系数在 10% 的水平下仍然并不十分显著

（参数估计的P值为0.14>0.1），这说明虽然股权制衡机制是抑制大股东做出侵害行为的一项重要内部约束，但是我国农业上市公司中并未形成有效的内部监督体系，以至于在西方经典理论中发挥重要作用的制衡机制，并未在实际中发挥其应有的作用，因此，有必要在后文中对内部制衡机制进行研究。

在建立的回归模型3中，变量Property的系数为负，这说明大股东性质在一定程度上对过度投资产生了显著影响，具体表现为：国家控股的农业上市公司投资过度现象数量更少、金额更小，这与假设9提出的观点不一致，这说明在我国国有农业上市公司中，虽然存在股东缺位现象，但投资过度问题并不突出。

在三个回归模型中，变量Exe-ratio和变量Leverage的系数要么无法通过显著性检验，要么显著性不强，这与已有研究存在不同。首先，对于公司高管持股比例来说，研究样本中，高管持股比例均值仅为0.00085%，几乎接近于零，而且高管持股比例为0%的样本占全样本数量的42.86%，这就造成了样本在研究高管持股比例与上市公司筹资偏好关系时代表性不够充足，是造成变量Exe-ratio系数无法通过显著性检验的一个潜在原因。其次，根据前文分析，负债水平对投资效率的影响存在两种截然相反的观点，一种观点认为，负债带来的还款压力抑制了正常投资，从而造成投资不足；另一种观点认为，负债可以降低内部人手中的现金流量，从而减少盈利能力不利的投资项目，起到抑制投资过度的目的。但是，在本书的实证分析中，以上两种作用均未显著体现。究其原因，大股东的行为打破了西方经典的融资有序理论，使企业筹资决策在很大程度上受到大股东的牵制和负面影响，以至于负债水平对投资效率的影响未能发挥。

4.3 大股东行为对现金股利分配比率的影响分析

股利分配决策股利支付是一个监督管理者绩效、减少代理成本的有效工具，在降低委托代理成本过程中，发挥了积极作用。Easterbrook（1984）认为，假设企业正从事当前和未来规划的投资项目，随着企业适度高股利派发政策的实施，它将必须更依赖于资本市场。当企业通过发行有价证券筹资时，专业人士和监管机构会对企业各项指标进行严格审查，这种规章制度形成了对经营者的有效监督，迫使管理者准确、及时披露新信息，降低了代理成本。延森（1986）也在自由现金流理论中指出，股利分配的承诺限制了自由现金流量，从而减少了经营者为获取私人利益而实施的过度投资项目，提高了投资绩效和公司价值。

最早将代理理论应用于股利政策研究的是 Jensen 和 Meckling（1976），他们于1976年提出了著名的"自由现金流"理论。Jensen（1986）提出，由于经营者与股东的利益存在差异，在追求个人利益最大化的过程中，向股东支付现金股利引起了股东与经营者之间的重大代理冲突，经营者会利用资源使股东利益受损害。经营者有强烈的动机扩大公司规模，很有可能超过最优水平。因为随着公司规模的扩大，管理者控制下的资源将会增加，过度在职消费、追求高薪、为了构造"企业帝国"而进行无效率投资等一系列问题随之产生。这种代理冲突在公司产生大量自由现金流时会越发突出。派发现金股利是解决以上矛盾的一种重要手段。现金股利将资金由经营者手中转移至股东手中，降低了经营者控制下的自由现金流，制约了经营者的权力，避免了管理者的逆向选择与道德风险行为，从而减少了股东所承担的剩余损失。

但是种种证据显示，由于制度设计原因，我国上市公司的委托代理关系和环境有别于 Jensen 和 Meckling 提出的股利代理成本理论。第一，股利代理成本理论的研究背景是股权分散、股东同质。它只关注到了经营者与股东两个群体之间的矛盾，但是却没有注意到持股比例的差异使公司股东具有不同的影响力，不同身份的股东之间存在利益冲突，大股东有可能利用股权优势对中小股东利益进行侵害。唐跃军（2009）将这种差异称为"同股同权不同价"现象，认为这是导致现金股利"隧道效应"的根本原因。第二，股利代理成本理论假定市场上法律完备并且监管严格，但是实际上这并不是一个既定条件，法律对股东权益的保护力度足以改变公司治理过程中主要呈现出哪一类代理问题。当法律不能够充分保证中小股东权益不受侵害时，公司治理中股东与经营者之间的委托代理矛盾将被大股东和中小股东之间的代理问题所取代。我国上市公司中大量存在大股东的利益输送现象，缺乏对中小股东实施保护和救济的有效机制，显然，这一假设前提也很难满足。

综上所述，与发达市场相比，我国公司治理中存在股利政策的重要制度差异，Jensen 的股利成本代理理论在我国并不完全适用，现金股利的派发并不能有效降低股东与经营者之间的委托代理成本，反而成为大股东实施侵占行为的又一途径。原红旗（2001）对影响我国股利分配决策的原因进行了实证分析，作者指出，股利政策是国外控制代理成本的一种工具，在我国，高现金股利分配比率却是代理成本没有得到有效控制的结果。

4.3.1 研究假说

（1）股权集中度与现金股利分配比率。西方大多数研究得出的结论与经典股利代理成本理论一致，即在代理理论的基础上，现金股利分配是降低过度投资代理问题的有效机制。然而，在亚洲，许多公司股权集中的特征非常明显，由于交叉持股和金字塔结构，控股股东的控制权远高于其所有权，正如 La Porta 等（1999，2000）提出的第二类核心代理问题所描述的那样，为了实现控制权私有收益最大化，提高现金股利分配比率成为一种更加隐蔽的大股东侵占方式。这种侵占方式既可以躲避越来越严格的市场监管和法律限制，而且"中小股东也可能更加愿意忍受这种'隧道效应'，因为相较于在其他侵害行为中利益被完全侵占，派发现金股利至少不会让中小股东一无所获"（唐跃军，2009）。

大股东之所以偏好现金股利是出于以下两个原因：第一，因为大股东收益和股利分配之间的正相关关系（Claessens 等，2002），Claessens 等（2002）指出，作为掌握股权最多的控股股东，他们可以选择高现金股利派发比率以降低对经营者的监督成本，这样做既可以利用现金流支付股利以降低自由现金流成本，又能够在资本市场上树立大股东不会对中小股东进行利益侵占的声誉。第二，因为现金股利的"利益输送"作用（刘峰和贺建刚，2004；袁振兴和杨淑娥，2007；唐跃军，2009）。Gugler 和 Yurto-glu（2003）指出，虽然大股东能够监督经营者业绩，但是有可能会利用他们的权力以追求私人利益最大化，大多情况下以牺牲中小股东利益为代价。尤其是在公司治理薄弱的情况下，如果多个大股东或者大股东与经营者之间出现串谋，这种利益侵害行为将会变本加厉（Hanazaki 等，2004）。大股东获取股票控制权的成本远低于中小股东，在原始投资额无法平等比较的情况下，即使每股派发的现金股利相等，大股东的报酬率也会远远高于中小股东。另外，刘峰等（2004）指出，由于我国资本市场监管力度相对薄弱，上市公司进行高比例派现后，公司并没有接受到更严格的外部监督和监管，甚至在首次公开募股后就大量派发现金股利，此时大股东分配得到的现金股利，实际上是中小股东提供的股本，这实际上是一种变相的融资分红，刘峰也将这种超额派现视为一种大股东利益输送行为，解释了大股东对高现金股利派发比例偏好的原因。

基于以上分析，本书提出假说10。

假说10：股权越集中，现金股利分配比率越高。

（2）股权制衡度与现金股利分配比率。如果公司内部能形成有效的制衡机制，那么大股东利用现金股利分配进行隧道挖掘的难度和成本都会提高，即使大股东实施了侵占行为，其成功的可能性也会较一股独大时降低。因此，本书提出假说11。

假说11：股权制衡度越高，现金股利分配比率越低。

（3）大股东属性与现金股利分配比率。股权分置改革之前，由于国家股无法流通，以资本利得方式取得股票收益就很困难，因此，作为控股股东的国家股股东更偏好于现金股利。与非流通股股东不同，流通股股东持股比例相对较低，参与经营者监督和公司治理的积极性和条件不足，因此将寻求短期内出售股票获得资本收益而非长期中依靠现金股息收入获得投资收益，他们对股利的偏好正好与控股股东相反。即使股改之后，国家股可以在二级市场进行交易，但在限制时间内仍然不允许买卖，如《上市公司股权分置改革管理办法》第二十七条明确规定，三年内不能上市交易。也就是说，国家股的流动性还是受到限制的，这使得国有股股东更加偏好现金股利。

综上所述，本书提出假说12。

假说12：国有控股上市公司的现金股利分配比率高于非国有控股上市公司。

4.3.2　回归分析

4.3.2.1　变量设置

（1）因变量。Cash-dividend——现金股利分配比率。参考唐跃军（2009）的处理方法，现金股利分配比率进行如下计算：

现金股利分配比率=每股现金股利/每股收益。

如果每股收益小于零，则现金股利分配比率=（每股收益–每股现金股利）/每股收益。

（2）解释变量。Concentration——股权集中度，用公司第一大股东持有公司股票占公司股票总额的比例表示。Restriction——股权制衡度指标，用第二大股东至第五大股东持股总额与第一大股东持股额之比表示。ID-ratio——独立董事比例指标。Duality——两职合一情况。Exe-ratio——公司高管持股比例指标。Property——国家控股情况。

（3）控制变量。Profit-rate——净利润率。净利润率=（净利润÷主营业务收入）×100%。净利润是公司的可支配利润，代表了公司的盈利能力，也是派发现金股利的源泉。当净利润率提高时，可能会带来现金股利分配率的提高。

Age——上市年限。定义为选取样本年减去公司上市年。

Ln-Size——公司规模变量，用公司总资产账面价值的自然对数计算。

各变量符号及计算方法如表4-10所示。

4.3.2.2 数据来源

利用表4-10的方法和附表1中的原始数据计算各观测变量值。

表4-10 变量设置

变量名称	变量符号	变量含义
现金股利分配比率	Cash-dividend	每股现金股利/每股收益 如果每股收益小于零，则现金股利分配比率=（每股收益–每股现金股利）/每股收益
股权集中度	Concentration	公司第一大股东持有公司股票占公司股票总额的比例
股权制衡度	Restriction	第二大股东至第五大股东持股总额与第一大股东持股额之比
大股东属性	Property	国家控股取值1；否则，取值0
独立董事比例	ID-ratio	独立董事人数占董事会总人数的比例
两职合一	Duality	董事长、总经理由一人承担，则取值1；否则，取值0
公司高管持股比例	Exe-ratio	公司高管持股股本与总股本之比
上市年限	Age	选取样本年减去公司上市年
公司规模	Ln-Size	公司资产总额账面价值的自然对数
净利润率	Profit-rate	（净利润÷主营业务收入）×100%

4.3.2.3 分析及结果

（1）描述统计及相关性研究。2007~2015年，我国农业上市公司现金股利分配比率波动较大。各年均值在0.302~0.7024，股利分配比率有上升趋势。各年股利分配比率最小值均为0，即未分配现金股利。

由于变量Concentration和变量Restriction的相关系数达到–0.6874，因此，将以上两个自变量分别与因变量Cash-dividend建立回归方程（见表4-11）。

表4-11　相关性研究

Coefficient of Association	Concentration	Restriction	Property	ID-ratio	Duality	Exe-ratio	Age	Ln-Size	Profit-rate
Concentration	1								
Restriction	–0.6874	1							
Property	0.3014	–0.0562	1						
ID-ratio	–0.1404	0.0742	–0.0678	1					
Duality	0.0635	0.0101	–0.1425	–0.0148	1				
Exe-ratio	0.1289	0.0381	–0.3123	0.0078	0.2548	1			
Age	–0.3314	0.0304	0.1002	0.2010	–0.2970	–0.4717	1		
Ln-Size	0.1868	–0.0677	0.0587	0.0038	0.0851	0.0211	0.0449	1	
Profit-rate	–0.0614	0.0706	–0.0411	0.0195	0.1222	–0.0310	0.0489	–0.1700	1

根据相关分析结果，分别建立回归模型如下：

$$\text{Cash - dividend} = \alpha + \beta_1 \text{Concentration} + \beta_2 \text{Property} +$$
$$\beta_3 \text{ID - ratio} + \beta_4 \text{Duality} + \beta_5 \text{Exe - ratio} + \quad （模型1）$$
$$\beta_6 \text{Control - Variable}$$

$$\text{Cash - dividend} = \alpha + \beta_1 \text{Restriction} + \beta_2 \text{Property} +$$
$$\beta_3 \text{ID - ratio} + \beta_4 \text{Duality} + \beta_5 \text{Exe - ratio} + \quad （模型2）$$
$$\beta_6 \text{Control - Variable}$$

（2）实证分析结果。使用SPSS17.0作为统计分析工具，分别建立因变量与自变量之间的多元线性回归方程（回归方程参数估计如表4-12所示）。

首先，对模型1进行参数估计。建立除Restriction外的所有自变量与现金股利分配比率之间的多元回归方程，将最不显著的控制变量Ln-Size删除，如表4-12所示。最终形成的回归模型为：

$$\text{Cash - dividend} = 0.200005 + 0.004719 \text{Concentration} + 0.013045 \text{Property} +$$
$$0.900268 \text{ID - ratio} + 0.07547 \text{Duality} -$$
$$0.251954 \text{Exe - ratio} - 0.028041 \text{Age} -$$
$$0.000002 \text{Profit - rate}$$

表4-12　模型参数估计结果

模型参数估计结果	变量	模型1	模型2
解释变量	Intercept	0.200005	0.386394
	Concentration	0.004719*	
	Restriction		−0.033867
	Property	0.013045	0.052090*
	ID-ratio	0.900268**	0.8517*
	Duality	0.075470	0.064775
	Exe-ratio	−0.251954	−0.210537
控制变量	Age	−0.028803**	−0.034336***
	Ln-Size		
	Profit-rate	−0.000002	
	Significance F	0.06	0.07
样本量		248	

注：标准化系数的上标***、**和*分别表示在1%、5%、10%的水平下显著。

其次，对模型2进行参数估计。建立除Concentration外的所有自变量与现金股利分配比率之间的多元回归方程，变量Ln-Size、Profit-rate的参数均无法通过显著性检验，依次将二者从模型2中删除，回归方程解释力得到提高，说明方程的拟合性改善。最终形成的回归模型为：

$$Cash - divident = 0.386394 - 0.033867Restriction + 0.05209Property +$$
$$0.8517ID - ratio + 0.064775Duality -$$
$$0.210537Exe - ratio - 0.034336Age$$

（3）结果分析。模型1的输出结果显示，Concentration的系数为0.004719，大于零，这说明股权集中度与现金股利分配比率之间存在正相关关系，具体表现为：随着股权集中度的提高，现金股利分配比率随之上升，也就是说，大股东有利用农业上市公司利润分配决策实施利益侵害行为，达到追求私利最大化目的的倾向。这与假设10的观点完全一致。

股权制衡度越高，其他大股东相对于第一大股东的势力越强，其他大股东监督的动机和能力就越高，这也反映在对股利分配决策的监督上。模型2中变量Restriction的系数为−0.033867，小于零，也就是说，随着股权制衡水平的不断提高，现金股利分配比率逐渐降低，说明现金股利分配比率与上市公司内部的制衡机制完善程度呈现出负相关，这与假设11提出的观点是一致的，即通过建立大股东之间的内部制衡机制有利于农业上市公司股利分配的更加公平和有效。

在建立的两个回归方程中，变量Exe-ratio的系数显著性均不明显，这一特征与公司高管持股比例在投资效率实证分析中的显著性检验结果相似，即都无法通过显著性检验，究其原因仍然是我国农业上市公司高管持股比例几乎接近于零，无法在回归方程中发挥作用。第三章大股东行为对农业上市公司财务决策影响的原因分析及其影响路径研究显示，高管治理机制对公司财务决策的影响为–0.049，进一步说明了由于我国农业上市公司中高管持股数量相当少，高管激励机制并未在公司治理中发挥应有的积极作用，与这一实证分析结果是一致的。

在模型1和模型2中，变量Property的系数均大于零，说明了国家控股的农业上市公司派发的现金股利更多，比例更大，验证了假设12的观点。

4.4 大股东行为影响公司决策的对比分析

路径分析为大股东行为对公司财务决策产生的负面影响提供了证据，实证分析确定了大股东行为影响公司财务决策的具体形式，为保证以上分析的稳健性，需要确定大股东行为对公司决策的影响是否是显著的，即存在大股东控制的农业上市公司和不存在大股东控制的农业上市公司在财务决策效率上是否存在显著差异。

4.4.1 研究框架

如前所述，我国农业上市公司大多数由国有农场和国有农业企业改制而来，短期内很难改变国有股控股现象。也就是说，我国农业上市公司中普遍存在控制性大股东，根据计算的第一大股东夏普利指数，将样本分为两组：第一组为第一大股东夏普利指数大于或等于50%的控制性大股东组；第二组为夏普利指数小于50%的非控制性大股东组。夏普利指数能够反映大股东对公司的相对控制程度，即使有些大股东持股比例达到了大股东的量化要求，但是他的实际控制作用并不大，或者有些股东持股比例并不是特别高，但是他的实际控制作用仍然很大，这些相对控制能力夏普利指数都能考虑在内。通过两个样本组组间均数的比较，推断各样本所代表的各总体均数是否相等，是否存在显著性的差异。

4.4.2 研究方法和数据来源

使用单因素方差分析方法，确定控制性大股东的存在是否是引起组间差异的显著性因素。指标数据由附表1中的原始数据计算整理得到。

根据研究内容，选取第一大股东的夏普利指数为控制变量，同时也是分组的标志变量。分别选取资产负债率、投资过度和投资不足的绝对值、现金股利分配比率作为融资决策效率、投资决策效率和股利分配决策效率的代理变量。根据实证分析的理论分析，资产负债率越低，公司股权融资倾向越明显，越背离融资有序理论，融资决策效率越低；投资过度和投资不足的绝对值越大，公司投资效果越差，投资决策效率越低；现金股利分配比率越高，大股东"隧道挖掘效应"越严重，股利分配决策效率越低。选取的各指标及其含义如表4-13所示。

表4-13 变量选取

指标类型	指标名称	指标含义或计算方法
控制变量	第一大股东的夏普利指数	大股东的相对控制能力
观测变量	资产负债率	总负债／总资产
	投资过度和投资不足的绝对值	投资总额与正常投资支出之差的绝对值
	现金股利分配比率	每股收益大于0时： 每股现金股利／每股收益 每股收益小于0时： （每股现金股利－每股现金股利）／每股收益

根据研究的问题，提出原假设为：

H_0：控制性大股东组与非控制性大股东组的观测变量均值没有显著差异。

选择检验统计量，即F统计量。使用SPSS统计分析软件计算检验统计量的观测值和相应的概率P值，如表4-14、表4-15、表4-16所示。

表4-14　统计量及概率P值（融资决策）

差异源	SS	df	MS	F	P-value	F crit
组间	0.072328	1	0.072328	2.739631	0.100144	3.909232
组内	3.669704	139	0.026401			
总计	3.742033	140				

表4-15　统计量及概率P值（投资决策）

差异源	SS	df	MS	F	P-value	F crit
组间	1.08E+17	1	1.08E+17	1.946988	0.165137	3.909232
组内	7.71E+18	139	5.55E+16			
总计	7.82E+18	140				

表4-16　统计量及概率P值（股利分配决策）

差异源	SS	df	MS	F	P-value	F crit
组间	0.601777	1	0.601777	2.266138	0.134498	3.909232
组内	36.9117	139	0.265552			
总计	37.51348	140				

表4-17　组间均值比较

观测变量	控制性大股东组均值	非控制性大股东组均值
资产负债率	0.383359833	0.440920974
投资过度和投资不足的绝对值	179807419.5	109462719.2
现金股利分配比率	0.563090745	0.397058275

表4-14、表4-15和表4-16显示，三个假设检验的概率P值分别为0.1001、0.1651和0.1344，虽然均略微超出10%的显著性水平，但是距离0.1差别非常小，可以忽略不计。因此可以认为原假设不成立，控制性大股东组与非控制性大股东组观测变量的均值存在显著性差异。根据表4-17列示的控制性大股东组和非控制性大股东组均值的大小，得出结论：

（1）控制性大股东组的资产负债率显著低于非控制性大股东组，即存在有决策权的大股东的公司更倾向于股权融资，背离先债务融资后权益融资的外源有序融资更明显。

（2）控制性大股东组的投资过度和投资不足绝对值显著高于非控制性大股东组，即存在有决策权的大股东的公司更倾向于从大股东个人私利出发引起投资无效率。

（3）控制性大股东组的现金股利分配比率显著高于非控制性大股东组，即存在有决策权的大股东的公司更倾向于分配现金股利以实现大股东的"隧道挖掘"。

综上所述，通过单因素方差分析，本书对比分析了存在控制性大股东的上市公司样本和不存在控制性大股东的上市公司样本在融资偏好、投资效率和股利分配形式上的差异，发现大股东的存在确实降低了公司财务决策的效率，增强了大股东行为对公司财务决策影响的实证分析的稳健性。

4.5 小结

本章利用35家农业上市公司2007~2015年的财务数据，对大股东行为分别与融资决策、投资决策和利润分配决策之间关系进行了实证分析和对比分析，发现：

（1）在大股东普遍存在的农业上市公司，股权越集中，融资决策越偏离先债务后权益的正常融资顺序；投资决策中投资不足或投资过度的绝对值越大，投资无效率现象越明显；现金分配比率更高。这说明，在股权集中的上市公司，大股东行为更容易对财务决策产生不良影响。

（2）回归方程中股权制衡度对三大财务决策的影响与股权集中度均相反，说明其他股东相对于大股东的实力越强，公司内部对大股东监督的动机和能力也就越强，有利于公司运营更加公平和有效。内部股权制衡是优化大股东行为的有效途径之一。

（3）独立董事比例在回归方程中的影响系数要么与理论分析相反，要么无法通过显著性检验，这说明农业上市公司中存在独立董事与内部人共谋的现象，信用制度和信用环境缺失使独立董事制度在一定程度上反而推进了大股东的侵占行为。

（4）公司高管持股比例均值接近于零，样本在研究高管持股比例与上市公司财务决策关系时代表性不够充足，造成了高管持股在三项财务决策模型中始终无法通过显著性检验，这一特点与侵占路径分析结果一致。这说明高管激励机制并未在公司治理中发挥应有的积极作用。

（5）大股东的存在尤其是控制性大股东的存在显著影响了融资偏好、投资效率和股利分配形式，证实了大股东行为确实在一定程度上降低了公司财务决策的效率。

5 上市公司大股东行为的制衡因素分析

前文中，无论大股东行为影响公司财务决策的路径分析还是实证分析，都表明利用控制权优势地位，大股东对中小股东和债权人的侵占广泛存在，当外部投资者对公司进行投资时，投资回报往往无法实现，在一定程度上导致公司偏离了企业价值最大化目标。Henrik Cronqvist 和 Rudiger Fahlenbrach（2008）指出，如果制定和执行重要决策的不是全部剩余收益的索取者，并因此无法从自己的决策中获取收益的主要份额，那么这种情况下，对决策过程中代理问题的控制将非常重要，一旦离开了有效的控制程序，决策者将很有可能采取损害公众利益的行为。因此，有必要通过一系列内部和外部制衡因素分析，找到能够抑制大股东行为实施侵害的关键要素，通过完善这些要素，优化大股东行为，降低大股东的道德风险。

5.1 内部制衡因素分析

大股东行为的内部制衡因素分析主要针对公司内部大股东制衡机制的建立和作用发挥。大股东制衡是指在股权安排中，由两个以上的大股东分享控制权，通过各大股东之间互相牵制、互相监督，使得任何一个大股东都无法单独控制企业的决策，从而在一定程度上抑制大股东对中小股东的侵害（申尊焕，2005）。股权制衡是一种重要的上市公司内部治理机制。在股权制衡机制比较健全的公司治理结构下，任何一个大股东都无法单独控制公司的决策，每一项重大决策的做出都是大股东之间进行讨价还价和相互妥协的结果，第一大股东将没有机会肆无忌惮地追逐控制权私人收益，这将增加单个大股东实施侵害行为的难度。有效的内部制衡制度能够通过大股东之间的相互监督，对最大股东的行为起到牵制作用。

Pagano 和 Roel（1998）认为，公司有多个大股东有两个方面的作用：一是大股东多样性有利于丰富对管理者的监督形式，二是同时存在多个大股东可以通过相互监督削弱控股股东攫取控制权私有收益的能力；Gomes（2001）认为，股权制衡能力的提高将降低大股东对中小股东的利益侵害程度；Henrik、Cronqvist 和 Mattias（2001）的研究也证明了这一点。徐向艺和张立达（2008）认为，多数上市公司的后九大股东集中度有利于提高公司价值，在抑制第一大股东私利行为方面发挥了积极的制衡作用，但在非国有股比重较低的公司中，国有第一大股东缺少来自其他大股东的有效制衡，中小股东更易受到利益侵害；刘星和安灵（2010）考虑的是投资绩效，发现股权制衡对市县级政府和非政府控制的上市公司投资绩效有一定的积极作用。这些文献均强调多个大股东的存在对保护公司价值、提高公司决策效率具有积极影响。在这一章中，本书将通过一个双种群进化博弈模型进行分析。

5.1.1 进化博弈的基本思想

进化博弈（Evolutionary Games Theory）理论来自达尔文的生物进化论，是经济学研究方法的一次创新。进化博弈论否定了传统经济学理论关于人始终理性的假设前提，结合了生态学、社会学、心理学及经济学的最新发展成果，从而建立起一个新的分析框架。它认为人的理性是有限的，研究参与人的资源配置行为时也应该以有限理性为基础更加现实地解释经济现象（蒙特·塞拉，2011）。进化博弈将博弈双方定义为不同种群，与完全理性博弈的均衡点不同，进化博弈双方均在通过不断学习、不断适应环境，逐渐寻求、接近进化稳定策略（Evolutionary Stable Strategy，ESS），即进化博弈是利用动态分析方法把影响参与者行为的各种因素纳入模型中，并以系统论的观点来考察群体行为的演化趋势。

假定群体中每一个个体在任何时候选择且只选择一个纯策略，如果选择纯策略S_i的个体得到的支付大于群体平均支付，那么选择S_i的个体在群体中所占比例将会随时间的演变不断增加；相反，选择S_i的个体在群体中所占比例将不断减少。如果选择S_i的个体得到的支付等于群体平均支付，那么选择该策略的个体在群体中所占比例不变，趋于稳定，达到进化稳定状态。此时，选择S_i的个体在群体中所占的比例即为进化稳定策略。进化稳定策略的一个重要性质是：对微小扰动具有稳定性，即博弈方由于偶然的错误偏离了该均衡点，也能恢复过来。进化博弈的基本思路是：根据复制动态方程，寻求进化稳定策略。

进化博弈分析的具体步骤为：

第一步，假设在某个群体中采用策略 1 的博弈方的比例为 x，那么采用策略 2 的博弈方的比例就是 1−x。计算出采用两种策略博弈方的期望收益 u_1、u_2 和群体平均期望收益 u 分别为（谢识予，2010；孙世民，2008）：

$$u_1 = xa + (1 - x) b$$
$$u_2 = xc + (1 - x) d$$
$$u = xu_1 + (1 - x) u_2$$

第二步，确定复制动态平衡点。由于参与者会学习模仿其他参与者的行为，选择了收益比较低的策略一方就会改变自己原来的策略，转而通过学习和模仿复制选择收益比较高的策略方的行为，此时，群体中选择不同策略的成员比例就会发生变化，特定策略比例的变化速度与其比重和其收益超过平均收益的幅度成正比。策略 1 的博弈方比例 x 的变化速度，可以使用以下微分方程来表示，这一方程就是复制动态方程。

$$\begin{aligned}
\frac{dx}{dt} &= x(u_1 - u) = x[u_1 - xu_1 - (1 - x) u_2] \\
&= x(1 - x)(u_1 - u_2) \\
&= x(1 - x)[x(a - c) + (1 - x)(b - d)]
\end{aligned}$$

令复制方程等于零，可以求出复制动态方程的所有平衡点。

第三步，分析平衡的局部稳定性。根据 Friedman（1991）提出的方法，该系统的雅可比矩阵的局部稳定性即为平衡点的局部稳定性。

第四步，确定进化稳定策略。具有局部稳定性的平衡点能够恢复微小干扰产生的偏离，即为进化稳定策略，进化稳定策略可能有多个。

第五步，分析复制动态过程的演化方向。取决于博弈发生的初始状态和复制动态方程的有关参数。

下面，本书就利用双种群进化博弈模型，对抑制大股东实施侵害行为的内部制衡因素进行分析。

5.1.2　第一大股东与其他大股东之间的进化博弈分析

（1）进化博弈主体假设。在上市公司中往往存在多个大股东共存的现象，为了讨论方便，将第一大股东和其他大股东划分在不同种群，双方具有自己的策略集，不具有相似性，形成双种群进化博弈（两人非对称博弈）。第一大股东用符号B表示，其他大股东用符号A表示。

（2）模型假设、参数说明及支付矩阵。

1）第一大股东的纯策略集为（实施侵害行为，不实施侵害行为）；其他大股东的纯策略集为（制衡第一大股东，与第一大股东共谋）。

2）第一大股东持股比例为 α_1，其他大股东的持股比例之和为 α_2，$\alpha_1 + \alpha_2 < 1$。

3）假设公司本期投资收益为R（R＞0），如果第一大股东实施侵害行为，投资收益将损失一部分，用比例s（0＜s＜1）表示，则第一大股东的侵害收益为Rs。

4）第一大股东实施侵害行为的成本为 C_i（C_i＞0），随着对投资收益侵害比例的提高，第一大股东的侵害成本越来越高，增长速度也越来越快，即 $\dfrac{dC_i}{ds} > 0$，且 $\dfrac{d^2C_i}{ds^2} > 0$，当其他大股东选择与第一大股东共谋时，大股东实施侵害行为将几乎没有阻碍，假设此时第一大股东实施侵害行为的成本为零。

5）其他大股东对第一大股东进行监督并实施有效制衡需要付出成本，用 C_j（C_j＞0）表示。

6）第一大股东与其他大股东形成共谋的必要条件是其他大股东能够在第一大股东的侵害行为中获益，假设第一大股东为了拉拢其他大股东与其共同实施侵害行为，需要将侵害收益中的一部分转移给其他大股东，用T表示。由于第一大股东转移给其他大股东的部分不可能大于其侵害收益的全部，因此 $0 < T \leq Rs$。

7）我国《公司法》明确规定，股东会、董事会决议违反法律、行政法规，侵犯股东合法权益的，股东有权向人民法院提起要求停止该违法行为和侵害行为之诉讼。证券监督委员会于2007年在上市公司中开展了加强上市公司治理专项活动，指出大股东侵害上市公司资产，重则获刑。因此，假设只要其他大股东采取制衡策略，第一大股东的侵害行为就会被发现，第一大股东需要赔偿其他股东的损失，用F（F＞0）表示。由于中小股东持股比例较小，且分布分散，采取集体行动的可能性不大，为了讨论方便，将第一大股东支付的损失赔偿全部转移给其他大股东。

根据以上模型和参数假设，得到如表5-1所示的支付矩阵。

表5-1　第一大股东与其他大股东行为选择的博弈支付矩阵

支付函数		B	
		实施侵害行为	不实施侵害行为
A	监督、制衡第一大股东	$\alpha_2 R(1-s)+F-C_j,\ \alpha_1 R(1-s)+Rs-C_i-F$	$\alpha_2 R-C_j,\ \alpha_1 R$
	与第一大股东共谋	$\alpha_2 R(1-s)+T,\ \alpha_1 R(1-s)+Rs-C_i-T$	$\alpha_2 R,\ \alpha_1 R$

注：表格中数据左侧代表其他大股东，右侧代表第一大股东。

（3）复制动态方程。设在模型中，第一大股东实施侵害行为的概率为y，不实施侵害行为的概率为1-y；其他大股东积极监督、制衡第一大股东的概率为x，与第一大股东共谋的概率为1-x。

其他大股东采取制衡策略的期望收益为：

$$
\begin{aligned}
E_{\text{制衡}} &= y[\alpha_2 R(1-s)+F-C_j]+(1-y)(\alpha_2 R-C_j) \\
&= -y\alpha_2 Rs+yF+\alpha_2 R-C_j
\end{aligned}
\tag{5-1}
$$

其他大股东采取与第一大股东共谋策略的期望收益为：

$$
\begin{aligned}
E_{\text{合谋}} &= y[\alpha_2 R(1-s)+T]+(1-y)\alpha_2 R \\
&= -y\alpha_2 Rs+yT+\alpha_2 R
\end{aligned}
\tag{5-2}
$$

因此，其他大股东的平均期望收益为：

$$
\begin{aligned}
\bar{E}_A &= x(-y\alpha_2 Rs+yF+\alpha_2 R-C_j)+(1-x)(-y\alpha_2 Rs+yT+\alpha_2 R) \\
&= -y\alpha_2 Rs+\alpha_2 R+xyF-xC_j+yT-xyT
\end{aligned}
\tag{5-3}
$$

由式（5-1）、式（5-2）和式（5-3）得其他大股东选择制衡第一大股东的复制动态方程为：

$$
\begin{aligned}
F(x)=\frac{dx}{dt} &= x[(-y\alpha_2 Rs+yF+\alpha_2 R-C_j)-(-y\alpha_2 Rs+\alpha_2 R+xyF-xC_j+ \\
& \quad yT-xyT)]=x(1-x)[(F-T)y-C_j]
\end{aligned}
\tag{5-4}
$$

第一大股东选择实施侵害行为的期望收益为：

$$
\begin{aligned}
E_{\text{侵占}} &= x(\alpha_1 R(1-s)+Rs-C_i-F)+(1-x)(\alpha_1 R(1-s)+Rs-C_i-T) \\
&= \alpha_1 R-\alpha_1 Rs+Rs-C_i-xF-T+xT
\end{aligned}
\tag{5-5}
$$

第一大股东选择不实施侵害行为的期望收益为：

$$
E_{\text{不侵占}}=\alpha_1 R
\tag{5-6}
$$

因此，第一大股东的平均期望收益为：

$$\bar{E}_B = y(\alpha_1 R - \alpha_1 Rs + Rs - C_i - xF - T + xT) + (1 - y)\alpha_1 R$$
$$= \alpha_1 R - y\alpha_1 Rs + yRs - yC_i - xyF - yT + xyT$$

$$(5-7)$$

由式（5-5）、式（5-6）和式（5-7）得第一大股东选择实施侵害行为的复制动态方程为：

$$F(y) = \frac{dy}{dt} = y[(\alpha_1 R - \alpha_1 Rs + Rs - C_i - xF - T + xT) -$$
$$(\alpha_1 R - y\alpha_1 Rs + yRs - yC_i - xyF - yT + xyT)]$$
$$= y(1 - y)[(T - F)x - (T + C_i + \alpha_1 Rs - Rs)]$$

$$(5-8)$$

根据式（5-4）和式（5-8）可得：

$$F'(x) = [(F - T)y - C_j](1 - 2x) \qquad (5-9)$$

$$F'(y) = [(T - F)x - (T + C_i + \alpha_1 Rs - Rs)](1 - 2y) \qquad (5-10)$$

（4）其他大股东的进化稳定策略分析。其他大股东的演化行为满足式（5-11）所示的条件：

$$\begin{cases} F(x) = 0 \\ F'(x) < 0 \end{cases} \qquad (5-11)$$

由式（5-11）可知，$\dfrac{C_j}{F - T}$ 为鞍点 $D(x_D, y_D)$ 的纵坐标。

若 $y = \dfrac{C_j}{F - T}$，则 $F(x) \equiv 0$，这意味着稳定点 x^* 取遍所有[0，1]之间的数值；

若 $y \neq \dfrac{C_j}{F - T}$，$x^* = 1$ 和 $x^* = 0$ 是两个稳定点，对 $\dfrac{C_j}{F - T}$ 的不同情况进行如下分析，其中，C_j 可以理解为其他大股东的制衡成本，$F - T$ 可以理解为其他大股东的制衡净收益。

1）$0 < \dfrac{C_j}{F - T} < 1$，有两种情况：

当 $y > \dfrac{C_j}{F - T}$，则 $x(1 - x) = 0$ 且 $1 - 2x < 0$，所以，$x^* = 1$ $\qquad (5-12)$

当 $y < \dfrac{C_j}{F - T}$，则 $x(1 - x) = 0$ 且 $1 - 2x > 0$，所以，$x^* = 0$

2）$\dfrac{C_j}{F - T} > 1$，则恒有 $y < \dfrac{C_j}{F - T}$，所以，$x^* = 0$ $\qquad (5-13)$

（5）第一大股东的进化稳定策略分析。第一大股东的演化行为满足式（5-14）所示的条件：

$$\begin{cases} F(y) = 0 \\ F'(y) < 0 \end{cases} \tag{5-14}$$

由式（5-14）可知，$\dfrac{(Rs - T - C_i) - \alpha_1 Rs}{F - T}$ 为鞍点 $D(x_D, y_D)$ 的横坐标。

若 $x = \dfrac{(Rs - T - C_i) - \alpha_1 Rs}{F - T}$，则 $F(y) \equiv 0$，稳定点 y^* 取遍所有[0，1]之间的数值；

若 $x \neq \dfrac{(Rs - T - C_i) - \alpha_1 Rs}{F - T}$，$y^* = 1$ 和 $y^* = 0$ 是两个稳定点，对 $\dfrac{(Rs - T - C_i) - \alpha_1 Rs}{F - T}$ 的不同情况进行如下分析。其中，$\alpha_1 Rs$ 为第一大股东按照持股比例分配的正常收益，$Rs - T - C_i$ 为第一大股东与其他大股东共谋侵害中小股东时第一大股东的侵害收益，因此 $(Rs - T - C_i) - \alpha_1 Rs$ 表示第一大股东正常收益与侵害收益之间的差额；如果其他大股东选择与第一大股东共谋，第一大股东的支出为 T，如果选择积极监督制衡第一大股东，第一大股东的支出为 F。

1）$0 < \dfrac{(Rs - T - C_i) - \alpha_1 Rs}{F - T} < 1$，有两种情况：

当 $x > \dfrac{(Rs - T - C_i) - \alpha_1 Rs}{F - T}$，则 $y(1 - y) = 0$ 且 $1 - 2y < 0$，所以，$y^* = 1$

当 $x < \dfrac{(Rs - T - C_i) - \alpha_1 Rs}{F - T}$，则 $y(1 - y) = 0$ 且 $1 - 2y > 0$，所以，$y^* = 0$。

$$\tag{5-15}$$

2）$\dfrac{(Rs - T - C_i) - \alpha_1 Rs}{F - T} > 1$，$x < \dfrac{(Rs - T - C_i) - \alpha_1 Rs}{F - T}$ 恒成立，所以，$y^* = 0$

$$\tag{5-16}$$

3）$\dfrac{(Rs - T - C_i) - \alpha_1 Rs}{F - T} < 1$，$x > \dfrac{(Rs - T - C_i) - \alpha_1 Rs}{F - T}$ 恒成立，所以，$y^* = 1$

$$\tag{5-17}$$

以上述分析为依据，绘制出第一大股东和其他大股东的演化相位图，如图5-1所示。

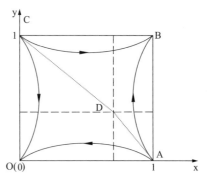

图5-1 第一大股东和其他大股东的演化相位图

图5-1描述了其他大股东和第一大股东的博弈动态演化过程,在局部均衡点中,只有(0,0)和(1,1)两个点是稳定的,是进化策略的ESS(进化稳定策略),分别为其他大股东和第一大股东之间(共谋,不侵害)和(制衡,侵害)两种策略。从图5-1中可以看出,折线ADC是系统收敛于不同策略的临界线,在折线ADCB组成的区域,系统将收敛于(制衡,侵害),表示如果第一大股东实施侵害行为,其他大股东将积极监督并采取有效制衡;而在折线ADCO组成的区域,系统将收敛于(共谋,不侵害),表示当第一大股东不实施侵害行为,其他大股东将不再将制衡作为常态工作,降低监督成本,减少交易费用。

(6)进化稳定策略影响因素分析与讨论。综上所述,从长期来看,大股东之间是否能够形成有效的内部制衡机制并不确定,究竟沿着哪一个状态演化取决于鞍点的位置。

1)我们希望其他大股东能够积极监督、制衡第一大股东的行为,提高第一大股东实施侵害行为的难度,降低第一大股东侵害其他股东的概率。根据式(5-12),为了达到上述目标,$\frac{C_j}{F-T}$的取值应尽可能小,具体路径有:

①降低其他大股东制衡成本C_j,这与式(5-13)的分析是一致的。式(5-13)表明,当C_j取值过大时,$y < \frac{C_j}{F-T}$将很容易成立,将有$x^* \to 0$,此时,其他大股东会因为监督、制衡第一大股东的成本过高而放弃这一策略,任由第一大股东控制公司经营决策。

②加大惩罚力度,提高其他大股东的制衡净收益$F-T$。在经济人假设前提下,只有在制衡第一大股东的经济活动中获利,其他大股东才有积

极性供给监督第一大股东这一公共产品，因此，一旦发现大股东利用其股权优势实施侵害行为，应予以重罚，及时对其他股东的收益损失做出补偿。

2）激励第一大股东合理行使职权，不再出现占款、将不良资产注入公司、使用上市公司财产为其债务作担保等形式的侵害行为，即 $y^* \to 0$。根据式（5-15），当 $x < \dfrac{(Rs - T - C_i) - \alpha_1 Rs}{F - T}$ 时，第一大股东会向着"不实施侵害"策略演化，因此，$\dfrac{(Rs - T - C_i) - \alpha_1 Rs}{F - T}$ 的取值应尽可能大。为达到这一目的，可以从以下几方面入手：

①提高第一大股东正常收益以外的收益。由于中小股东在监督经营者中的"搭便车"心理，大股东成为监督公司运营的主体。大股东为监督经营者付出的监督成本由其自己承担，但在大股东积极监管下，由于经营者败德行为减少而获得的监督收益却属于全体股东，对于大股东来说，很难将监督成本和监督收益相匹配。当监督收益无法抵偿监督成本时，大股东就会通过侵害公司和其他股东利益的行为弥补"损失"。因此，应适当给予大股东一定的合理控制权收益，这同时也是中小股东对自身"搭便车"行为付出的成本。这与式（5-16）和式（5-17）的平衡分析是一致的。

②提高其他大股东的制衡能力 T。一方面，通过内部大股东之间的制衡增加第一大股东实施侵害行为的难度，另一方面，通过加强外部监管机构的监察力度，加大对大股东违规甚至是违法行为的惩处力度。

对进化稳定策略的分析和讨论如表5-2所示。

表5-2　对进化稳定策略的分析和讨论

鞍点	演化方向	具体措施	启示
$\dfrac{C_j}{F - T}$	取值越小，$x^* \to 1$ 越容易实现	降低 C_j	降低对第一大股东的监督成本，将提高其他大股东制衡第一大股东的积极性和效率
		提高 F - T	加大对大股东侵害行为的惩罚力度
$\dfrac{(Rs - T - C_i) - \alpha_1 Rs}{F - T}$	取值越大，$y^* \to 0$ 越容易实现	提高大股东正常收益以外的收益	适当给予大股东合理的控制权收益
		提高 T	提高其他大股东的制衡、谈判能力

5.2　外部制衡因素分析

在这一部分中，我们将大股东作为一个群体，将外部监管力量作为另一个群体，分析这两个群体之间的博弈。大股东侵害行为的外部监管力量应该由三部分组成：外部监督者即中小股东、国务院授权的外部监管机构和独立董事、监事。将这三个群体界定为"外部"规制机制的主体，主要出于以下三点考虑：

第一，从生态学种群的定义出发，中小股东与大股东之间存在着较大的差异。中小股东往往体现为"用脚投票"，根据自己的判断选择业绩比较好的公司，而不参与某一公司的实际运营业务（杨松令，2009）；中小股东投资于某家公司的目的一般是赚取高低估价之差或者当年派发的现金股利或股票红利，但其并不真正关注公司的长期盈利能力和成长性。有关实证研究表明，我国上市公司的股权相对比较集中，大小股东的身份一般不转换(杨松令等，2010)。因此，我们有理由认为，虽然中小股东数量众多但其影响甚小，他们既不参与企业的经营过程，也不关心企业的长期发展，在对企业经理人的监督上经常出现"搭便车"行为，所以，将这一群体对公司大股东的监督纳入"外部"制衡因素中。

第二，外部监管机构与上市公司之间没有经济往来，不存在经济交易关系，因此，与企业的内部经营管理和治理无关。

第三，独立董事与公司股东和经营者之间不存在重要的业务联系，也不在公司内部任职，独立发表对公司事务的意见，理论上讲与公司内部人和内部经营无关。监事会是股东大会选举出的，对董事会和总经理领导下的企业运营行使监督的内部组织，是公司常设监督机构，由一部分股东和职工代表组成。独立董事的出现原本就是一元体制下的英美法系国家为了克服没有监督机构的弊端而设置的，从我国目前独立董事的责任来看，有一部分应由监事会行使的职权也是由独立董事来实施的。因此，本书只研究独立董事对大股东行为的外部制衡。

另外，大股东与债权人之间虽然也会存在委托代理关系，但是债权到期还本付息的法律强制性使得债权人得到了比中小股东更强的法律保护，因此本书只分析中小股东为代表的外部监督者、外部监管机构和独立董事对大股东形成的治理机制。

5.2.1 外部监督者对大股东行为的制衡因素分析

大股东和中小股东都是公司的所有者，从表面看，大股东并未与公司缔结任何委任契约，只是因为大股东出资占比大赋予了其在公司运营决策过程中的控制性地位，那么，大股东与中小股东之间的委托代理关系能否成立呢？答案是肯定的。

首先，无论大股东是否兼任公司的总经理，大股东与中小股东之间都是标准的委托代理关系，因为大股东与中小股东之间形成委托代理关系的充分必要条件已经具备。第一，大股东与中小股东的目标不一致，大股东以利润的剩余收益和控制权收益整体利益最大化为目标，而中小股东以剩余收益最大化为目标。这是大股东与中小股东之间形成委托代理关系的充分条件。第二，大股东与中小股东之间存在信息不对称。大股东拥有公司控制权，直接参与公司治理，积极监督经营者的行为。中小股东持股比例较少，在公司经营决策中基本不具有话语权，在对经营者的监督上普遍存在"搭便车"心理，在大股东刻意隐瞒或选择性披露的情况下，很难了解公司经营状况的真实信息。因此，大股东掌握的信息较中小股东更充分，大股东与中小股东之间存在信息不对称。第三，中小股东无法直接观察到大股东的行为，或者可以观察到，但是由于交易费用过高而放弃。第二和第三是大股东与中小股东之间形成委托代理关系的必要条件。

其次，大股东对中小股东负有信托责任。大股东与中小股东均向公司注资，同属公司投资者，但是大股东与中小股东在公司的地位却并不严格遵守"同股同权"的原则。当股东大会对公司重大事项进行表决时，股东享有的表决权大小与其所持有的股份多少或者出资比例大小成正比，股东持有的股份越多，出资比例越大，所享有的表决权就越大。最终结果是削弱了中小股东对公司事务的管理权力，随之由大股东代替中小股东实施监督权和管理权，中小股东不得不接受大股东的意志。因此，从法律义务来看，大股东负有对中小股东的诚信义务。

本书选择激励监督模型研究以上问题。激励监督模型用于双方存在委托代理关系，代理人对委托人有信托责任，在满足激励相容约束的情况下，委托人如何激励代理人保障其利益最大化。经过分析，大股东对中小股东负有信托责任，而且双方的委托代理关系成立，这一问题就是研究中小股东作为委托人如何激励代理人大股东，这正符合要研究的中小股东对大股东的激励监督问题。

（1）委托代理关系主体假设。宋小保（2009）等认为，上市公司的大股东是否会发生侵害，可以看作是大股东与外部投资者（主要指中小股东）博弈的结果。本书采用这一观点，在抑制大股东侵害行为的激励监督模型中，将掌握私人信息的大股东定义为代理人，用符号A表示；将不掌握私人信息的中小股东定义为委托人，用符号F表示。

（2）模型假设与参数说明。

1）大股东和中小股东都是独立的利益主体，他们的目标是最大化自己的利益，同时实现整体最优。

2）大股东和中小股东之间存在两种状态：第一，合作，即大股东行为不侵害中小股东利益；第二，不合作，即大股东实施侵害行为。大股东与中小股东之间的合作程度用x表示（0≤x≤1），可以理解为大股东选择不侵害行为的概率。

3）大股东侵害行为是否发生会对公司价值产生影响，侵害行为发生时的公司价值低于侵害行为不发生时的公司价值。因此，公司价值π取决于x和随机影响因素ε，为不失一般性，假定：

$$\pi = kx + \varepsilon$$

其中，k反映公司生产经营、自身实力等综合能力，称为产出系数（k>0）；ε服从均值为0，方差为σ^2的正态分布。

4）大股东选择侵害和选择不侵害是全概率事件，则大股东选择侵害行为的概率为：$1 - x$。由于大股东可以利用控制权侵害中小股东利益，如大股东在公司任职支付过高的薪水，以低于市场利率向公司借款，不顾公司现金紧张支付股利，发行股票稀释小股东的股份价值等，以上市公司利益受损为代价从中获取控制权私有收益，因此假设大股东从侵害行为中获得的收益与侵害行为发生的程度成正比，则侵害收益为：

$$M(x) = m(1 - x)$$

其中，m称为侵害收益系数（m>0），反映大股东通过侵害行为获取的私有收益。

5）假设中小股东对大股东的监督是有效的，即只要大股东侵害行为和中小股东的监督行为同时发生，侵害行为就能被发现，中小股东就要对大股东进行惩罚。假设对侵害行为的惩罚与侵害行为发生的程度成正比，则侵害惩罚为：

$$N(x) = n(1 - x)$$

其中，n 称为侵害惩罚系数（n > 0），反映对大股东侵害行为的惩罚力度。由于中小股东的监督能力有限，设中小股东的监督强度为 y（0 ≤ y ≤ 1），则大股东因侵害行为所受到的惩罚为：

$$F(x, y) = ny(1 - x)$$

6）大股东的合作是要付出成本的，如选择不侵害中小股东利益而损失的收益，用 C_1 表示，随着合作程度的提高需要付出的成本增加，且边际成本递增，即 $C_1'(x) > 0$，$C_1''(x) > 0$。为此，定义合作成本函数为：

$$C_1(x) = \lambda_1 x^2$$

其中，λ_1 称为合作成本系数（$\lambda_1 > 0$），可理解为大股东选择合作时的机会成本，即大股东在侵害行为中获得的最大非法收益。

7）中小股东监督大股东也要付出成本，用 C_2 表示，随着监督强度的提高需要付出的成本增加，且边际成本递增，即 $C_2'(y) > 0$，$C_2''(y) > 0$。为此，定义监督成本函数为：

$$C_2(y) = \lambda_2 y^2$$

其中，λ_2 称为监督成本系数（$\lambda_2 > 0$）。

8）刘少波（2007）提出，大股东对经营者的事前监督承诺能够降低经营者的偷懒和败德行为，提高企业价值，监督成本和风险由大股东承担，但是监督收益却由全体股东共同参与分配，因此应该给予大股东一定的合理控制权收益。本书采纳了这一观点，假设设计激励合同为：

$$S(\pi) = B + \alpha\pi$$

其中，B 表示给予大股东的合理控制权收益；α 表示大股东的持股比例。

9）假设委托人中小股东是风险中性的，其期望效用等于其期望收入；代理人大股东是风险规避的，其期望效用等价于其确定性收入。

（3）模型的建立与求解。

1）中小股东的期望效用函数：

$$E_P = E[\pi(x) - S(\pi) - C_2(y) + F(x, y)]$$
$$= kx(1 - \alpha) - B - \lambda_2 y^2 + ny(1 - x)$$

2）大股东的期望效用函数：

假设大股东的效用函数具有绝对风险规避特征，即 $u = -e^{-\rho w}$，其中，ρ 为绝对风险规避度量（0 < ρ < 1），w 表示实际货币收入，则大股东的风险成

本可表示为：$C_R = \dfrac{\rho\alpha^2\delta^2}{2}$

大股东的实际货币收入期望值为：

$$w = S(\pi) - C_1(x) - F(x,y) + M(x)。$$

根据"确定性收入＝实际货币收入的期望值－风险成本"的计算式，得出大股东的期望效用函数为：

$$E_A = E_w - C_R$$

$$= S(\pi) - C_1(x) - F(x,y) + M(x) - \frac{\rho\alpha^2\delta^2}{2}$$

$$= \alpha kx + B + (m - ny)(1 - x) - \lambda_1 x^2 - \frac{\rho\alpha^2\delta^2}{2}$$

3）中小股东对大股东的激励监督模型的构建和求解。

在委托代理分析框架中，委托人在最大化自己的效用函数时，面临着来自代理人的两个约束：第一个约束是参与约束（Participation Constraint）（IR条件），即代理人接受合同时得到的期望效用必须大于或者等于不接受合同时能够得到的最大效用。代理人"不接受合同时能得到的最大效用"由他面临的其他市场机会决定，称之为保留效用。第二个约束是代理人的激励相容约束（Incentive Compatibility Constraint）（IC条件），是指代理人总是选择使自己的期望效用最大化的行动（张维迎，2004）。按照以上描述，中小股东对大股东的激励监督模型解决的就是中小股东在满足大股东的参与约束和激励相容约束条件下，建立有效的激励监督机制，以最大化自身的期望效用。该模型可表示为：

$$\begin{cases} \max E_P = kx(1 - \alpha) - B - \lambda_2 y^2 + ny(1 - x) \\[2mm] \text{s.t.} \quad \text{IR:} \alpha kx + B + (m - ny)(1 - x) - \lambda_1 x^2 - \dfrac{\rho\alpha^2\delta^2}{2} \geq \bar{u} \\[2mm] \text{IC:} x = \text{argmax}[\alpha kx + B + (m - ny)(1 - x) - \lambda_1 x^2 - \dfrac{\rho\alpha^2\delta^2}{2}] \end{cases} \quad (5\text{-}18)$$

其中，$\bar{u}$ 表示保留效用，可以理解为大股东采取侵害行为时能够获得的最大收益。

根据 Mirrlees（1974）和 Holmstrom（1979）激励相容约束可以用其等价的一阶导数等于零来代替，即：

$$x^* = \frac{\alpha k - m + ny}{2\lambda_1} \quad (5\text{-}19)$$

将式（5-19）代入式（5-18）的 IR 条件中，得：

$$B^* = \lambda_1 x^2 - \alpha kx - (m - ny)(1 - x) + \bar{u} + \frac{\rho\alpha^2\delta^2}{2} \qquad (5-20)$$

将式（5-19）和式（5-20）代入式（5-18）的最优化条件中，整理得到最优化条件变为：

$$\max_{\alpha,y} E_P = -\frac{1}{4\lambda_1}(\alpha k - m + ny)^2 + \frac{k - m}{2\lambda_1}(\alpha k - m + ny) - \lambda_2 y^2 - \bar{u} +$$

$$m - \frac{\rho\alpha^2\delta^2}{2} \qquad (5-21)$$

利用式（5-21）分别对参数 α 和 y 求偏导数，整理得：

$$\frac{\partial E_P}{\partial y} = \frac{n}{2\lambda_1}[k(1 - \alpha) - ny] - 2\lambda_2 y \qquad (5-22)$$

$$\frac{\partial E_P}{\partial \alpha} = \frac{k}{2\lambda_1}[k(1 - \alpha) - ny] - \rho\alpha\delta^2 \qquad (5-23)$$

令式（5-22）和式（5-23）等于零，解二元一次方程组，得解：

大股东最优持股比例为：

$$\alpha^* = \frac{2k^2\lambda_2}{2k^2\lambda_2 + (4\lambda_1\lambda_2 + n^2)\rho\delta^2} \qquad (5-24)$$

中小股东对大股东的最优监督强度为：

$$y^* = \frac{nk\rho\delta^2}{2k^2\lambda_2 + (4\lambda_1\lambda_2 + n^2)\rho\delta^2} \qquad (5-25)$$

将式（5-19）、式（5-24）和式（5-25）代入式（5-20）中，得应给予大股东的合理控制权收益为：

$$B^* = \frac{2k^2\rho\delta^2(2\lambda_1\lambda_2^2\rho\delta^2 + 2k^2\lambda_2^2 + n^2\lambda_2\rho\delta^2 + k^2\lambda_2^2)}{[2k^2\lambda_2 + (4\lambda_1\lambda_2 + n^2)\rho\delta^2]^2} -$$

$$\frac{k[(k - m)(2\lambda_2\rho\delta^2 + 2k^2\lambda_2 + n^2\rho\delta^2) + \rho\delta^2(2\lambda_2 m - n^2)]}{2k^2\lambda_2 + (4\lambda_1\lambda_2 + n^2)\rho\delta^2} + \frac{k^2 - m^2}{4\lambda_1} - m + \bar{u}$$

$$(5-26)$$

（4）模型分析与讨论。

1）用式（5-19）中的 x^* 对 y^* 求偏导数，结果显示 $\frac{\partial x^*}{\partial y^*} > 0$，即 $\frac{\partial(1 - x^*)}{\partial y^*} < 0$，表明大股东的侵害程度与中小股东的监督强度成反比。这说明，强化中小股东对大股东行为的监督可以降低大股东行为的侵害程度。

2）从式（5-18）中可以看到，B的取值越大，在保留效用一定的情况下，IR条件大于或等于ū就越容易满足，激励监督模型的参与约束越容易满足。这说明，应根据给予大股东一定的"合理控制权收益"，以促进激励监督关系的建立。

3）用式（5-19）中的x^*和式（5-25）中的y^*分别对侵害惩罚系数n求偏导数，结果显示 $\begin{cases} \dfrac{\partial x^*}{\partial n} > 0, 即 \dfrac{\partial(1-x^*)}{\partial n} < 0 \\ \dfrac{\partial y^*}{\partial n} < 0 \end{cases}$ ，表明大股东侵害程度和中小股东对大股东的监督强度均与侵害惩罚系数成反比。这说明，提高侵害惩罚系数可以抑制大股东的侵害行为，并且可以降低中小股东对大股东的监督力度，从而降低交易费用，使制度更有效率。

4）用式（5-19）中的x^*分别对m和λ_1求偏导数，结果显示 $\begin{cases} \dfrac{\partial x^*}{\partial m} < 0, 即 \dfrac{\partial(1-x^*)}{\partial m} > 0 \\ \dfrac{\partial x^*}{\partial \lambda_1} < 0, 即 \dfrac{\partial(1-x^*)}{\partial \lambda_1} > 0 \end{cases}$ ，表明大股东行为发生侵害的可能性与侵害收益系数和合作成本系数成正比。这说明，侵害行为获取的私有收益越多，大股东越有动机侵害公司和中小股东的收益，"掏空"行为更严重。

5）用式（5-19）中的x^*和式（5-25）中的y^*分别对监督成本系数λ_2求偏导数，结果显示 $\begin{cases} \dfrac{\partial x^*}{\partial \lambda_2} < 0, 即 \dfrac{\partial(1-x^*)}{\partial \lambda_2} > 0 \\ \dfrac{\partial y^*}{\partial \lambda_2} < 0 \end{cases}$ ，表明大股东侵害行为的程度与监督成本系数成正比，而中小股东的监督强度与监督成本系数成反比。这说明，中小股东在监督大股东的过程中发生的交易费用越高，大股东越有可能实施侵害行为，而中小股东对大股东监督的积极性越低。

5.2.2　外部监管机构对大股东行为的制衡因素分析

从大股东行为的外部监管机构实施主体来看，国有上市公司大股东主要接受国有资产管理部门监管，如国务院及各级国有资产管理委员会，而对于非国有上市公司大股东则没有明确统一的外部监管机构。最新的《中华人民共和国证券法》赋予了中国证券监督管理委员会（简称中国证监会）"查阅、复制与被调查事件有关的财产权登记、通讯记录等资料"的职权，并明文规定"有关部门"应在证券监管部门履行职责进行监督检查或者调查时"予以配合"（杨勇平等，2006）。为了加强证券期货市场诚信建设，保护投资者合法权益，维护证券期货市场秩序，促进证券期货市场健康稳定发展，2012年4月，中国证监会颁布了《证券期货市场诚信监督管理暂行办法》，并于同年9月1日起实施，暂行办法建立了针对几类特定主体的诚信约束制度，其中就包括主要股东，明确规定加大对上市公司及其控股股东、实际控制人和相关重组方履行分红、资产重组等公开承诺的督促和约束力度，并将上市公司相关公开承诺的履行信息以及主要股东的市场活动纳入诚信档案予以公示。可见，目前我国对大股东侵害行为进行外部监管的主体是中国证监会，其他机构如工商行政管理局、金融监管机构、上海证券交易所和深圳证券交易所也应配合证券监管部门履行调查职责，并可视情节严重程度给予大股东侵害行为以相应惩戒。

在明确了大股东行为外部监管的主要实施机构之后，这些监管机构的监管效果又如何呢。蔡奕（2011）采用案例法和实地调查法对2006~2011年的大股东违规责任惩处力度进行了调查研究，与上市公司及高管、证券经营机构、中介机构、其他机构相比，上市公司大股东受到证监会行政处罚的案件不足2.1%，不仅数量上最少，而且处罚金额也远低于对上市公司及其董、监、高的制裁金额，由于处罚手段大多为通报批评、公开批评、公开谴责，很难对大股东形成实质性的、有威慑力的警戒。尤其是近年来，大股东行为越来越从信息披露失真、上市公司占款、关联性交易等传统形式转为更为隐蔽的"作案方式"，复合性、合谋性、循环性都进一步加大了对大股东监控和惩处的法律难度。可以说，大股东侵害行为长期以来禁而不止，监管机构的失职、懒政行为难辞其咎。因此，有必要通过外部监管机构寻找制衡大股东行为的因素。

外部监管机构可以通过每年上市公司年报和其他信息披露机制了解大股东对上市公司的影响，而大股东也可以通过国家的各项法律法规（如公司法、证券法、有价证券诚信监督管理暂行办法等）对外部监管机构的监管对象、监管内容进行了解，在博弈过程中也不存在谁先进入的问题，所以双方符合完全信息静态博弈这一类型，因此，本书采用混合策略纳什均衡模型进行分析。

（1）参数设计及相关假设。

1）大股东的纯战略集为（侵害，不侵害）；外部监管机构的纯策略集为（监管，不监管）。

2）大股东通过侵害行为获得的非法收益为a，在监管机构未实施有效监管的情况下，大股东将占有这部分私有收益，而如果监管机构实施了有效监管，则会将这部分收益没收。

3）监管机构的监管成本用C表示，监管成本与监管力度成正比，增长速度也会随着监管力度的增强而提高，即 $\dfrac{\partial 监管力度}{\partial 监管成本}>0$，且 $\dfrac{\partial^2 监管力度}{\partial 监管成本^2}>0$。

4）假设监管机构的监督行为是有效的，即如果大股东实施了侵害行为，就会被发现，并被处以F金额的罚金，且F>C。

5）就监督博弈而言，为最大化偏好，大股东想实施侵害行为，谋取控制权私有收益，外部监管机构要通过检查，阻止大股东的违规行为。监管机构不希望大股东违规，而同时大股东也不希望监管机构检查。

（2）支付矩阵。根据参数设计及相关假设，构建外部监管机构与大股东之间的支付矩阵，如表5-3所示。

表5-3　外部监管机构与大股东之间的支付矩阵

支付函数		大股东	
		侵害	不侵害
外部监管者	监管	F＋a–C, –F	–C, 0
	不监管	0, a	0, 0

注：表格中数据左侧代表外部监管机构，右侧代表大股东。

（3）求解纳什均衡解。采用支付等值法求解上述混合策略纳什均衡模型的均衡解。

给定外部监管机构选择"监管"策略的概率为α；大股东选择"侵害"策略的概率为β，则：

大股东实施侵害行为时的期望收益值为：

$$\pi_1(\alpha,1) = \alpha(-F) + (1-\alpha)a \tag{5-27}$$
$$= a - (F+a)\alpha$$

大股东不实施侵害行为时的期望收益值为：

$$\pi_1(\alpha,0) = \alpha \times 0 + (1-\alpha) \times 0$$
$$= 0 \qquad (5\text{-}28)$$

外部监管机构有效监管时的期望收益值为：

$$\pi_2(1,\beta) = \beta(F+a-C) + (1-\beta)(-C)$$
$$= \beta(F+a) - C \qquad (5\text{-}29)$$

外部监管机构不监管时的期望收益值为：

$$\pi_2(0,\beta) = \beta \cdot 0 + (1-\beta) \cdot 0$$
$$= 0 \qquad (5\text{-}30)$$

根据支付等值法的基本原理，另式（5-27）=式（5-28），得到外部监管机构的最优监管概率为：

$$\alpha^* = \frac{a}{F+a} \qquad (5\text{-}31)$$

另式（5-29）=式（5-30），得到大股东的最优侵害概率为：

$$\beta^* = \frac{C}{F+a} \qquad (5\text{-}32)$$

（4）博弈均衡解及其影响因素分析。均衡解 α^* 和 β^* 表示，当外部监管机构的监管概率小于 $\frac{a}{F+a}$ 时，大股东一定选择实施侵害行为，当大股东的侵害概率大于 $\frac{C}{F+a}$ 时，监管机构一定选择有效监管，惩罚大股东的违规行为。当外部监管机构的监管概率小于 $\frac{a}{F+a}$ 时，大股东的最优策略是"侵害"，当外部监管机构的监管概率大于 $\frac{a}{F+a}$ 时，大股东的最优策略是"不侵害"；当大股东的侵害概率大于 $\frac{C}{F+a}$ 时，监管机构的最优策略是"监管"，当大股东的侵害概率小于 $\frac{C}{F+a}$ 时，从降低交易费用的角度考虑，监管机构的最优策略是"不监管"。因此，混合策略的纳什均衡点是：$(\frac{a}{F+a}, \frac{C}{F+a})$。

这一纳什均衡的现实解释是：众多农业上市公司中，有 $\frac{100C}{F+a}\%$ 的大股东选择侵害，其余的不侵害，而外部监管机构也不可能对所有上市公司中任何一个大股东的市场行为进行监管，监管机构顺利实施有效监管的比

重为 $\dfrac{100a}{F+a}\%$。

式（5-31）和式（5-32）说明：

1）罚款在监管过程中发挥的是惩戒和激励作用，随着违规罚款的增加，会给大股东带来经济上的震慑，因此，罚款越多，大股东实施侵害行为的概率也就越低，同时，当整个市场中大部分大股东都能够遵守诚信约定，外部监管机构的监管概率也将降低，二者相辅相成。可以看出，经济惩罚不仅对大股东侵害行为的实施有抑制作用，在降低整个社会的执法成本方面也能收到积极的效果。

2）大股东通过侵害行为获取的非法收益越多，外部监管机构有效监管的概率越高。这说明，监管机构更重视大股东违规的大案要案，一旦非法收益超过了相关法律法规、社会公众、投资者的限度，监管机构会对这样的上市公司进行重点关注，这也解释了为什么重大问题过后往往伴随监管力度大幅提升的原因。

3）监管机构付出的监管成本越高，大股东侵害行为发生的概率越大。监管成本可分为显性成本和隐性成本。显性成本主要表现为监管的直接成本，如人员配备、设备购置和其他行政预算支出等；隐性成本则主要表现为间接成本，如过度监管导致的效率损失和道德风险等。一般来讲，监管成本越高，监管机构进行有效监管的概率就越小，变相助长了大股东的侵害行为。

5.2.3 独立董事对大股东侵害行为的制衡因素分析

中国证监会于2001年8月发布《关于在上市公司建立独立董事制度的指导意见》（以下简称《指导意见》），标志着独立董事制度的开始。《指导意见》明确指出，"独立董事对上市公司及全体股东负有诚信与勤勉义务。独立董事应当按照相关法律法规、本指导意见和公司章程的要求，认真履行职责，维护公司整体利益，尤其要关注中小股东的合法权益不受损害。独立董事应当独立履行职责，不受上市公司主要股东、实际控制人或者其他与上市公司存在利害关系的单位或个人的影响。独立董事原则上最多在5家上市公司兼任独立董事，并确保有足够的时间和精力有效地履行独立董事的职责。"可见，独立董事制度的初衷就是保证中小股东的合法利益和公司的正常运行不受到公司内部人的侵害，当侵害发生时，独立董事有义务发表意见以纠正大股东或公司高管的违规行为。

大股东与独立董事的博弈顺序是：独立董事先观察大股东是否存在违规行为，如果存在再选择发表独立意见或是与大股东合谋。《指导意见》明确规定"上市公司应当保证独立董事享有与其他董事同等的知情权。凡须经董事会决策的事项，上市公司必须按法定的时间提前通知独立董事并同时提供足够的资料，独立董事认为资料不充分的，可以要求补充"。因此，理论上独立董事与大股东之间不存在信息不对称，二者符合完全信息动态博弈。

（1）模型假设、参数说明。

1）大股东和独立董事的收益均为"经济收益+声誉收益"，二者均以追求收益最大化为目标。

2）大股东的策略集为（违规，不违规），独立董事发现大股东的违规行为后的策略集为（发表独立意见，不发表独立意见）。

3）如果大股东不违规，则获得正常经济收益 N_1，独立董事获得正常薪酬 N_2；如果大股东违规且独立董事发表独立意见，大股东将损失声誉收益 L_1，且要受到证券监管部门的处罚 F_1，由于独立董事发表独立意见会遭遇到来自公司内部人的压力，甚至被解聘而损失独立董事薪酬，独立董事的损失为 S；如果大股东违规且独立董事不发表独立意见，二者合谋，大股东将获得额外收益 A_1，独立董事获得额外收益 A_2，但二者合谋有可能被证券监管部门发现，设被证券监管部门发现的概率为 p，此时，大股东损失声誉收益 L_1，罚款 F_1，独立董事损失声誉收益 L_2，罚款 F_2。

（2）构建博弈树。根据以上模型假设，构建大股东与独立董事之间的博弈树如图5-2所示。

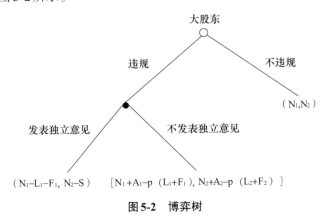

图5-2 博弈树

（3）博弈分析。从中国证券监督管理委员会2016年信息公开公告来看，139项行政处罚决定中只有辽宁振隆特产股份有限公司、黑龙江北大荒农业股份有限公司、上海大智慧股份有限公司、丹东欣泰电气股份有限公司和浙江步森服饰股份有限公司5起涉及对独立董事失职的处罚，可见独立董事由于未发表针对大股东违规的独立意见而受到证券监管部门惩处的概率很低，$p(L_2 + F_2)$数值很小，也就是说$p(L_2 + F_2) - A_2 < S$很容易实现，所以独立董事和大股东之间的博弈出现的唯一一个子博弈精炼纳什均衡就是（违规，不发表独立意见），也就是独立董事与大股东之间合谋。当大股东违规时，我们希望双方离开（违规，不发表独立意见）这一平衡点，必须有：$N_2 - S > N_2 + A_2 - p(L_2 + F_2)$，因此，加大监察力度、提高处罚金额，降低违规的额外收益将促使独立董事和大股东之间博弈的均衡点离开（违规，不发表独立意见）这一合谋均衡点，激励独立董事发表独立意见。

5.3　小结

本章根据研究对象的特点选择合适的模型，对大股东行为进行了内部和外部制衡因素分析，找到了能够优化大股东行为、减少利益侵害现象的关键要素，即降低制衡成本、加大惩罚力度、提高其他大股东的制衡净收益、加强外部监管机构的监察力度、给予大股东合理的控制权收益、强化中小股东对大股东行为的监督意识、降低中小股东的监督强度与监督成本、降低违规的额外收益，这些因素正是对大股东行为进行治理的努力方向。

6　政策启示

　　大股东违法或违规行为一直都是我国上市公司的治理焦点。前文通过路径分析，在寻找到大股东行为对财务决策的直接影响和间接影响的基础上，利用实证分析方法分别将大股东行为对公司融资决策、投资决策、利润分配决策的影响方向和影响程度予以量化研究。研究发现，大股东行为对公司财务决策的负面影响在我国农业上市公司中普遍存在，并在一定程度上造成了公司决策的低效率。

　　近年来，监管部门不断加大监察和规范力度，并配套出台了相应法律法规，抑制大股东的侵占行为、保护中小股东的合法利益。但治理大股东不合理的违规行为是一个复杂的系统工程，需要多方面的综合治理。本书认为，今后一段时期内须进一步强化以下措施：

6.1　完善法律制度，加大监管力度

　　司法体系的最大特点是具有强制力，这种强制力在大股东行为的相机决策中能够起到重要作用：如果一方行为人违反了强制履行的承诺和责任，就要受到司法体系的惩罚，同样，另一方行为人希望通过司法强制力保证承诺和责任的顺利履行，并在对方违约时能够获得赔偿。Rafael La Porta 等（2000）的研究成果非常有借鉴意义，法律的监管力量和法庭的执法质量是公司治理的基本要素。当诸如股东的表决权、债权人的重组权、清算权等投资者权利得到监管机构和法院广泛而良好的保护，投资者就愿意投资于公司；反之，当法律体系不能保护投资者尤其是中小投资者时，公司治理和外部融资将无法正常运转。

　　对大股东行为的内部和外部制衡因素分析中发现，监管发挥的是惩戒

和激励作用，随着监管力度的提高，会给大股东带来经济上、名誉上的震慑，加强外部监管机构的监管力度，加大对大股东违规、违法行为的惩处力度，有助于提高其他大股东的制衡净收益，通过提高其他大股东制衡能力，增加第一大股东实施侵占行为的难度，降低第一大股东侵害其他股东的概率。

综上所述，针对存在的问题，建议进一步改进和完善现行监管制度，探索建立资本市场的诚信准则，切实维护良好信用体系，营造诚实守信的社会氛围，加大对失信行为的打击力度，必要时可对严重违规或失信的主体实施市场禁入管制措施，进一步健全我国全社会信用体系建设。对大股东严重侵害中小股东利益的上市公司主要责任人（包括控股股东和实际控制人）要依法追究法律责任，提高大股东通过侵占行为获得控制权私有收益的机会成本，同时还要充分发挥媒体、中介机构的监督作用，要切实规范中介机构的行为，建立针对会计师事务所、律师事务所、证券公司和咨询机构等各类型中介组织的行为规范，在行业内部探索实施自律管理，加大外部监管力度，加强社会监督，形成自律与他律、市场与社会相结合的全方位立体监管体系网络，推动我国资本市场向高度透明和公正、公平、公开方向发展，切实提升市场资信体系的可靠性和运行效率，真正发挥市场在资源配置中的决定性作用。

6.2　提高上市公司信息披露质量

根据《中华人民共和国公司法》第一百四十六条"上市公司的信息披露公开制度"，企业"依照法律、行政法规的规定，公开其财务状况、经营情况及重大诉讼，在每会计年度内半年公布一次财务会计报告"视为履约；企业瞒报、虚报信息，提供虚假信息视为违约。然而会计工作具有一定的主观性，这就为大股东通过虚报、瞒报、选择性披露会计信息等手段欺骗中小股东提供了可能。大股东行为的外部制衡因素分析结果指出，监管机构付出的监管成本越高，大股东实施侵害行为的概率越大。上市公司信息披露的不完整、不客观势必会增加监管难度，提高监管成本，从而推动大股东违法或违规行为的发生。因此，如何避免上市公司信息披露失真也是优化大股东行为的重要措施。

6.2.1 加强审计功能，避免会计工作的主观性

审计是外部会计人员对公司披露的会计信息公允性进行监督的一项重要活动，外部出资者、监管机构和独立董事等所需要的会计资料是否真实准确，很大程度上取决于审计的结论和报告。因此，首先应将信息披露责任明确落实到具体的上市公司主管人员和会计信息披露义务人，促使他们对信息的真实、准确、完整和及时负责，与此同时应该充分发挥审计在公司信息披露过程中的监督职能，杜绝审计部门与上市公司之间的利益输送，确保审计部门的工作独立、有效。只有这样，才能从根本上降低中小股东监督大股东的难度和成本。

6.2.2 量化信息披露失真的惩罚金额

众所周知，法律法规会制裁企业瞒报、虚报的造假行为。虽然我国在《公司法》《证券法》中已经规定了相关民事赔偿制度，但是由于这些规定、条款没有进行细化，执行的可行性就比较差，也就是说，目前我国在大股东利用信息失真蒙蔽中小股东侵占投资者利益方面的侵权责任体系运行并不完美，公司和股东之间由于信息披露产生的争端无法在无成本、无差错的环境中得以解决。在这种情况下，受到侵害的中小股东出于成本效益原则会产生"搭便车"动机，即使自己的合法权益被大股东侵占，也只有少数中小股东会诉诸司法体系，大股东只需向中小股东支付一小部分补偿性赔偿金，而这远远低于大股东从信息失真中获取的收益。因此，大股东将选择较低水平的信息披露成本，造成信息质量下降，这种低水平的信息披露质量显然是缺乏效率的。本书使用罗伯特·考特和托马斯·尤伦建立的"惩罚性乘数"模型（罗伯特·考特和托马斯·尤伦，2010）说明如何确定有效的惩罚金额。

假设在所有合法权益受到侵害的股东中只有比重为 e（e<100%）的股东选择向公司提出补偿性赔偿要求并付诸实施；e 被称为履行差错，大股东支付给这部分股东的补偿性赔偿金总额为 A，而大股东应该承担的面向全部股东的补偿性赔偿金总额为 L。

如果没有惩罚性赔偿金，大股东付出的赔偿金（L）只局限在补偿性赔偿金（A）以内，此时有：

$$L = Ae$$

由于存在履行差错，使得大股东将一部分违约责任外部化了，大股东将更倾向于从侵占行为中获取收益，这种情况需要进行纠正，这里采用加入惩罚性系数的方法，即：

$$L = Aem$$

为了回到最有效的激励状态，应该有：

$$m = \frac{1}{e}$$

这就是惩罚性系数的数值。预期违约责任的外部性使得帕累托最优无法实现，如果大股东认为仅有一小部分股东会起诉他，那么监管机构就可以通过惩罚性系数来判定大股东应该承担的损害赔偿金额。

除此之外，仅仅依靠政府的监督和道德规范的约束远远不够。政府应动员全体出资者尤其是中小股东一起对上市公司信息披露质量进行监督，对大股东违法违规行为积极举报，政府对举报者进行高额奖励，对于违法、违规者严格惩处。利用法律手段促进全民参与，不仅能够最大程度保证所有出资者的利益，而且能够降低中小股东在监督大股东的过程中发生的交易费用，从而提高中小股东对大股东监督的积极性。

6.3　提高中小股东的监督意识

如前文所述，中小股东在行使控制权时会受到其本身行为和技术上的限制，大多数中小股东的持股比例相对较小，不足以对公司的生产经营活动产生影响，大都缺乏对经营者和大股东进行监督的意识，产生了中小股东对大股东的监督缺位问题，使得中小股东可以行使的控制权小于法律授权的范围，而留置在公共区域中的控制权则落入大股东手中。即使个别付诸行动者取得了成果，监督收益由所有股东共同分享，而监督成本却独自承担。因此，如果中小投资者感觉到大股东侵占行为的存在，对持股公司不满意，大多会选择"用脚投票"，而不会采取对大股东的制衡行动。要使中小股东真正发挥监督作用，除了从国家层面通过法律、法规、司法改革对中小股东进行保护外，需要中小股东积极主动地联合起来，借助团体的力量提高中小股东群体在公司决策中的话语权。广大中小股东在抵制大股东侵害方面具有利益的一致性，这是进行联合的基础，但联合的方式同样重要。

表决权代理制度就是很多国家上市公司正在采用的。无论中小股东持有的股份份额多小，只要中小股东愿意联合起来，当满足中小股东付出的表决权代理费用低于中小股东亲自监督大股东付出的会计成本和机会成本这一条件，他们就可以委托特定的代理人，广泛征求中小股东的意见，以中小股东聚集在一起的股份份额在股东大会上对抗大股东不合理的决策要求，起到制衡大股东、谋求自身合法权益的目的。

6.4 给予大股东适当的合理控制权收益

为了保证在公司中的控制性地位，大股东必须支付私人成本，并且承担着比中小股东更大的风险，这种风险是不可分散的。大股东的私人成本及其所承担的较大的风险都必须由这项投资所获得的收益来补偿，并且补偿之后需要获得投资回报（曾林阳，2008）。由于中小股东在监督经营者中的"搭便车"心理，大股东成为监督公司运营的主体。大股东为监督经营者付出的监督成本由其自己承担，但在大股东积极监管下，经营者败德行为减少而获得的监督收益却属于全体股东，对于大股东来说，很难将监督成本和监督收益相匹配。当监督收益无法抵偿监督成本时，大股东就会通过侵占公司和其他股东利益的行为弥补"损失"。本书外部投资者与大股东的激励监督模型分析显示，给予大股东一定的"合理控制权收益"，能够促进激励监督关系的建立，因此，公司应通过合理的途径给予大股东一定的合理控制权收益，降低大股东侵害中小股东权益的主观意愿。

6.5 进一步发挥独立董事的监督作用

独立董事作为公司法人治理结构中的重要组成部分，其人员往往来源于外部机构，在公司运营中具有相对的独立性，是对公司经营和大股东进行监督约束的重要制度安排。我国公司治理制度引入独立董事的本意，就是在维护公司和所有股东整体利益的同时，在大股东出现追逐利益最大化而做出牺牲中小股东利益的行为时，进行有效监督和制约。但在现行体制下，受制于种种因素，独立董事的"独立性"并不强，也未充分发挥作用。因此，建议从以下方面入手，进一步发挥独立董事对公司决策和大股东的监督约束作用，促进企业经营管理水平提高。

6.5.1 健全完善独立董事产生程序和聘任方式

《关于在上市公司建立独立董事制度的指导意见》规定："上市公司董事会、监事会、单独或者合并持有上市公司已发行股份1%以上的股东可以提出独立董事候选人，并经股东大会选举决定。"由于大股东投票权有着绝对优势，独立董事的选聘不可避免地体现大股东的个人偏好，无论选聘阶段还是选聘后的工作阶段，都使独立董事在与大股东的博弈中处于被动地位，即使独立董事发现了大股东的违规行为也很难发表独立意见，影响了独立董事独立性的基本特征。尽管目前证监会对独立董事的任职资格进行了规定，有明确的回避条款，但实际操作中仍有同学、朋友、债权债务关系等各类与企业管理层高度相关的独立董事存在，"暗箱操作""人情董事"的情况屡见不鲜。针对这一问题，应改变独立董事产生于大股东的现状，在股东大会选聘独立董事时适当控制大股东的投票权，既然独立董事是为了充分保护中小股东的利益不受侵害而产生的，就应该由中小股东决定聘任谁作为公司的独立董事。另外，应进一步完善独立董事产生的程序，加大公开招聘比例，由专业的第三方对独立董事进行评价，切实提高独立董事的"独立性"。

6.5.2 切实提高独立董事的话语权

为了保证独立董事的专业性要求，目前独立董事在管理层中占比偏低，多为兼职人员且以高校、研究机构为主，缺乏对企业经营情况的了解。因此，一方面，建议要求企业主动向独立董事报告相关重大事项，提高独立董事的知情权，避免独立董事与公司内部人博弈中的信息不充分；另一方面，适当提高独立董事的比例，改变独立董事因人数少力量小而受到排挤的窘境。同时进一步完善相关法律，健全上市公司的独立董事行权机构，确保独立董事能充分发挥其行权独立性，起到监督约束的作用。

6.5.3 建立科学有效的独立董事激励约束机制

在兼职情况下，独立董事的工作积极性难以充分发挥。建议完善激励约束机制，可考虑引进声誉机制与报酬激励机制，通过量化指标体系对独立董事的作用进行客观评价，对履职高效的要给予适当奖励，对审计等部门发现的违规问题要追责，减少"橡皮章"式的独立董事。

7 结论与展望

本书以委托代理理论、信息不对称理论、公司治理理论和博弈论为基础，探讨了大股东行为对我国农业上市公司融资偏好、投资效率和利润分配比例的影响，旨在通过研究优化大股东行为，提升农业上市公司的公司治理效率，带动农业企业可持续发展，促进其市场竞争能力的提高。

本书使用2007~2015年的年度数据对我国农业上市公司的规模特征、财务特征和公司治理特征进行了系统而详细的分析，发现了农业上市公司目前的经营状态和存在的问题。本书创新性地将激励监督模型应用到大股东与中小股东这一委托代理关系中，为优化大股东行为的相关研究提供了有益的补充。将对大股东的惩罚性补偿进行了量化，为相关部门提供了政策依据。

7.1 主要结论

本书的主要结论有：

（1）描述统计分析发现，我国农业上市公司规模特征、财务特征和公司治理特征令人担忧。首先，从财务特征来看，我国农业上市公司盈利能力与沪深两市上市公司均值相比有很大差距，指标离散性明显，整体规模偏小。偿债能力指标表现虽然比较令人满意，但国家近几年融资惠农政策并未让所有农业上市公司受益。由于资产管理策略制定不合理，资产营运效率不高，对盈利能力和偿债能力带来负面影响。在销售总额逐年稳步增长的同时，净利润并没有表现出令人满意的业绩。其次，从公司治理特征来看，第一大股东的控制权优势越来越明显，对公司及财务决策的控制能力在增强。我国农业上市公司内部控制机制比较完善，但能否发挥应有作用还有待进一步论证。

（2）界定了大股东行为、财务决策等基本概念，以委托代理理论、信息不对称理论为基础，分析农业上市公司大股东实施侵害行为的形成机理，找寻到大股东行为对财务决策产生影响的原因。大股东与中小股东效用函数不同，在公司运营过程中存在信息不对称，导致第二层面委托代理问题的产生。由于中小股东对大股东行为监督的事实缺位和债权人利益实质性保障的缺失，给大股东实施侵占行为提供了机会。

（3）大股东行为的影响按照一定路径进行传导。以公司治理理论为指导，使用结构方程法发现，大股东往往从个人私利出发，对公司财务决策产生负面影响，这其中既有直接影响，又有通过董事会治理机制和公司高管治理机制产生的间接影响。这种负面影响之所以普遍存在，主要源于其他大股东对第一大股东的制衡机制以及董事会对大股东的约束机制尚未发挥应有的作用。

（4）以我国 35 家农业上市公司 2007~2015 年面板数据为样本，使用多元线性和非线性回归模型确定了股权集中、股权制衡、股权性质等股权制度安排对融资偏好、投资效率、现金股利分配比率影响的具体形式。研究发现：第一，股权越集中，大股东侵害行为越容易发生；第二，其他股东相对于大股东的实力越强，公司内部对大股东监督的动机和能力也就越高，有利于公司运营更加公平和有效；第三，独立董事制度对大股东的约束机制缺失，甚至是产生负面影响；第四，公司高管持股比例均值接近于零，高管激励机制并未在公司治理中发挥应有的积极作用。

（5）内部制衡因素分析显示，可以通过降低制衡成本、加大惩罚力度、提高其他大股东的制衡净收益、加强外部监管机构的监察力度和给予大股东合理的控制权收益来优化大股东的行为路径。

（6）外部制衡因素分析显示，通过强化中小股东对大股东行为的监督意识、给予大股东一定的合理控制权收益、提高侵占惩罚系数、降低中小股东的监督强度与监督成本来优化大股东的行为路径。

（7）优化大股东行为的具体政策措施主要包括完善法律制度，加大监管力度；提高上市公司信息披露质量；提高中小股东的监督意识；给予大股东适当的合理控制权收益；进一步发挥独立董事的监督作用。

7.2 对未尽研究的展望

（1）在大股东对上市公司筹资偏好的影响路径及实证分析中，本书使用资产负债率作为代理变量，这一指标有时可能会夸大财务杠杆作用，存在一定的局限性。但是目前还没有比资产负债率更准确的代理变量，希望在今后的研究中有所突破。

（2）损害赔偿是指违约方用金钱来补偿另一方由于其违约所遭受到的损失。最常见的司法体系救济机制强制要求支付损害赔偿的方式有两种具体形式，分别是补偿性赔偿和惩罚性赔偿。如果大股东行为给中小股东造成了侵害，补偿性赔偿就要求大股东将中小股东的效用函数恢复到后者未受损害时的水平。由于本书的研究内容和篇幅所限，没有对补偿性赔偿进行详细论述，只是对大股东行为内部、外部制衡因素分析中提出的惩罚性赔偿进行了简单量化。这些方面是笔者以后研究需要拓展的，争取能把这些方面理论分析融入本书的框架中。

附　录

附表 1　原始数据库（本表将所有原始指标分成两部分，用附表 1 和附表 1 续列示）

代码	简称	所属区域	所属行业	年份	上市年份	负债总额	资产总额	购建固定资产、无形资产和其他长期资产所支付的现金总和	处置固定资产、无形资产和其他长期资产所收回的现金总和	年末经营活动现金净流量	年末的股票收盘价格	总股本
600506	香梨股份	新疆	农、林、牧、渔业——农业	2008	2001	149290518.59	400371973.62	6820362.79	53144116.08	22439560.30	7.10	147706873.00
				2009	2001	72080890.76	351592025.29	2128806.28	357127.69	-5071317.72	11.90	147706873.00
				2010	2001	49363327.06	331992370.70	1307559.56	490384.62	32826806.27	10.96	147706873.00
				2011	2001	39372748.36	328065664.81	1134308.67	58200000.00	-21898757.70	7.04	147706873.00
				2012	2001	46466461.50	330850867.92	1295903.00	40401731.02	-45123227.70	8.70	147706873.00
				2013	2001	15062056.79	303535270.15	29288.99	9523600.00	-50266.37	9.45	147706873.00
				2014	2001	15978036.82	287788533.28	43955291.94	0.00	2894139.33	11.31	147706873.00
				2015	2001	22098486.06	296284660.42	925861.36	0.00	142422529.77	23.43	147706873.00

续表

代码	简称	所属区域	所属行业	年份	上市年份	负债总额	资产总额	购建固定资产、无形资产和其他长期资产所支付的现金总和	处置固定资产、无形资产和其他长期资产所收回的现金总和	年末经营活动现金净流量	年末的股票收盘价格	总股本
600108	亚盛集团	甘肃	农、林、牧、渔业—农业	2008	1997	1236629599.95	3234632470.32	50494411.53	398101.95	80082392.94	3.04	1441190556.00
				2009	1997	1960124947.26	4871934664.72	105162832.52	3229004.64	136033218.05	5.75	1736991221.00
				2010	1997	1613068990.49	4286559873.21	120276143.72	6807666.00	55494121.75	6.56	1736991221.00
				2011	1997	1738874303.12	4473693586.07	200616382.87	39385744.76	60232713.34	4.88	1736991221.00
				2012	1997	1753970977.30	6115025974.00	459552041.61	5248674.47	397006438.33	6.81	1946915121.00
				2013	1997	1789329181.90	6501130073.09	530907838.49	65168528.03	374184870.42	8.03	1946915121.00
				2014	1997	2850689720.29	7610829720.29	330962483.43	2659443.64	136534729.15	9.34	1946915121.00
				2015	1997	2865681290.46	7619387972.87	839827744.19	98462.00	55664779.26	7.34	1946915121.00
300189	神农基因	海南	农、林、牧、渔业—农业	2012	2011	1511153448.26	1586708360.17	114888691.38	55580.00	-32861015.01	9.80	256000000.00
				2013	2011	2185148849.51	1683586493.05	300323597.90	35490.48	13552091.27	11.82	256000000.00
				2014	2011	241357750.06	1583828602.68	85004849.17	348344.00	45239963.77	6.74	409600000.00
				2015	2011	229253712.14	2281506675.48	136150038.78	18705600.00	76569240.53	7.41	1024000000.00
601118	海南橡胶	海南	农、林、牧、渔业—农业	2012	2011	1929339263.76	11123515763.42	504596927.96	2445804.30	-463220720.77	5.63	3931171600.00
				2013	2011	2808618389.60	12017441054.10	848945667.52	165722276.94	3500922249.97	7.43	3931171600.00
				2014	2011	3165990936.95	12267763116.29	765960352.72	59959475.83	-17045431.40	8.72	3931171600.00
				2015	2011	4764731009.80	12891578931.42	688264502.28	29995225.39	-237929664.51	7.56	3931171600.00

续表

代码	简称	所属区域	所属行业	年份	上市年份	负债总额	资产总额	购建固定资产、无形资产和其他长期资产所支付的现金总和	处置固定资产、无形资产和其他长期资产所收回的现金总和	年末经营活动现金流量净额	年末的股票收盘价格	总股本
300087	荃银高科	安徽	农、林、牧、渔业—农业	2011	2010	243640149.22	887847433.62	8008963.72	2856671.00	-75883141.96	17.80	1056000000.00
				2012	2010	317958904.57	1002088260.23	99431442.08	9901174.53	50463407.67	13.10	1056000000.00
				2013	2010	279541466.06	1002412854.98	76475100.46	182124.00	102958938.35	11.94	1056000000.00
				2014	2010	319700728.36	1048315086.11	54238185.90	212024.27	97235184.36	10.17	1584000000.00
				2015	2010	321814935.87	1107796218.38	84193705.51	56530.10	98905731.12	11.51	3168000000.00
600371	万向德农	黑龙江	农、林、牧、渔业—农业	2008	2002	513958806.57	857730766.76	27118007.91	86977.29	26053739.60	7.12	1550000000.00
				2009	2002	421016544.77	775502225.45	25717376.18	414482.89	156316449.54	10.17	1550000000.00
				2010	2002	396258151.10	763450084.05	51784720.81	2303282.59	15336947.83	11.41	1705000000.00
				2011	2002	592395122.78	1007811828.53	43873293.70	491539.87	114081105.69	14.74	1705000000.00
				2012	2002	582743195.55	1031710488.78	69842836.39	3867757.78	1365432.26	11.64	1705000000.00
				2013	2002	625871680.01	1013126064.67	25800317.69	232100.00	51431022.98	9.15	2046000000.00
				2014	2002	394799492.30	794956551.61	1073294.50	7323886.27	275862425.04	11.69	2046000000.00
				2015	2002	272184001.76	668315265.53	2932405.50	5346363.58	111079995.71	22.50	2250600000.00
600467	好当家	山东	农、林、牧、渔业—农业	2008	2004	314274162.40	1568360558.12	75250303.81	5697494.77	135209184.11	5.16	636000000.00
				2009	2004	439291015.53	1767185776.13	144492968.28	1934492.30	62450741.07	9.64	636000000.00
				2010	2004	686701848.21	2121015130.60	248274631.76	3324264.38	107495879.99	14.19	636000000.00
				2011	2004	958262658.38	3689479855.02	259664233.95	648680.43	372037000.34	9.07	730497152.00
				2012	2004	948084099.38	3852678606.03	529637398.20	100696.50	15263553.48	7.23	730497152.00
				2013	2004	1242286302.45	4183399036.23	471629794.45	6739497.71	94796528.16	5.58	730497152.00
				2014	2004	1822191688.09	4740244278.28	458472409.37	2987235.60	213940772.80	6.36	730497152.00
				2015	2004	2193022039.95	5135104322.82	373453708.04	999508.38	382058183.90	10.62	730497152.00

续表

代码	简称	所属区域	所属行业	年份	上市年份	负债总额	资产总额	购建固定资产、无形资产和其他长期资产所支付的现金总和	处置固定资产、无形资产和其他长期资产所收回的现金总和	年末经营活动现金净流量	年末的股票收盘价格	总股本
600354	敦煌种业	甘肃	农、林、牧、渔业—农业	2008	2004	1513280203.22	2225878010.92	93562795.38	21239603.00	130274207.02	2.09	185966400.00
				2009	2004	1669963190.15	2524649208.87	160839093.60	608956.59	434912388.62	3.75	185966400.00
				2010	2004	2256017160.99	3343296964.05	237341470.87	2149170.84	2273377659.73	7.50	185966400.00
				2011	2004	2392824086.18	4025509663.48	204331026.52	6891318.24	-195420235.39	4.32	203546400.00
				2012	2004	2953259910.83	4543480517.90	182365686.53	828649.18	491635385.75	7.03	447802080.00
				2013	2004	2465295187.17	4104677568.99	76898557.50	16555579.42	205683274.67	7.02	447802080.00
				2014	2004	2415046626.17	3686225621.04	77282027.50	20414278.90	472165581.55	8.40	447802080.00
				2015	2004	1816978663.71	3527360525.09	32009005.11	5937182.55	307415663.01	9.88	527802080.00
000735	罗牛山	海南	农、林、牧、渔业—农业	2008	1997	546898593.57	2117054487.36	79484720.04	10258451.71	91075869.58	2.92	880132000.00
				2009	1997	808323807.82	2452743923.22	69632347.50	93601510.19	143792873.29	6.16	880132000.00
				2010	1997	1244210605.13	2911465468.07	52759378.90	31948998.52	640711900.06	8.08	880132000.00
				2011	1997	1802705399.96	3627354982.52	202635967.21	29209142.43	114508999.71	4.12	880132000.00
				2012	1997	2541371683.51	4352729969.51	172135992.44	25957741.06	-72467393.51	5.83	880132000.00
				2013	1997	2454951894.17	4286476253.36	340533257.58	29450305.11	183150713.37	6.53	880132000.00
				2014	1997	2438143604.77	4250007113.45	39707151.47	65381175.31	-21843016.03	7.82	880132000.00
				2015	1997	2671878885.50	4502601621.33	280522955.44	21605723.26	25349297.73	7.57	880132000.00

代码	简称	所属区域	所属行业	年份	上市年份	负债总额	资产总额	购建固定资产、无形资产和其他长期资产所支付的现金总和	处置固定资产、无形资产和其他长期资产所收回的现金总和	年末经营活动现金流量金净额	年末的股票收盘价格	总股本
300094	国联水产	广东	农、林、牧、渔业—农业	2011	2010	419469301.25	2067659646.19	1162898014.41	0.00	-257618630.99	6.66	352000000.00
				2012	2010	682182092.20	2104759589.49	204231885.67	0.00	-87694746.28	5.15	352000000.00
				2013	2010	936090558.92	2545242077.66	672304440.65	0.00	-161393944.13	7.70	352000000.00
				2014	2010	1034061000.12	2749020949.40	54907511.47	0.00	8822545.45	9.66	353474200.00
				2015	2010	862886269.26	2596059001.82	18347382.40	490820.51	17640707.67	25.20	353807100.00
002447	壹桥海参	辽宁	农、林、牧、渔业—农业	2011	2010	546710727.81	1340232272.42	424936462.66	1126769.61	-106796601.26	7.51	134000000.00
				2012	2010	835085023.72	1780148383.98	414291581.77	566730.76	1090010737.39	22.33	268000000.00
				2013	2010	1294487652.79	2386002090.07	820819829.38	1145000.00	328072233.23	19.28	268000000.00
				2014	2010	1107977572.11	3213513861.79	668373413.99	394500.00	258183199.01	14.70	475776000.00
				2015	2010	900999925.22	3271487153.23	146042102.19	3913.37	378265238.01	9.65	952452000.00
002041	登海种业	山东	农、林、牧、渔业—农业	2008	2005	334660683.78	1132131502.40	77032231.24	10941284.11	243807114.08	3.90	176000000.00
				2009	2005	613649696.31	1565507023.12	71150763.05	10816037.25	512180033.69	8.54	176000000.00
				2010	2005	651440732.80	1952622807.07	61502296.51	1510532.56	406222585.20	16.23	176000000.00
				2011	2005	594185217.61	2287622111.93	89523097.06	527609.02	1202257740.84	28.39	352000000.00
				2012	2005	845169971.19	2941870521.09	157228591.73	543717.11	524105480.57	23.51	352000000.00
				2013	2005	920282713.73	3495007240.37	1415000000.00	6242001.10	627596455.01	34.79	352000000.00
				2014	2005	1046013099.49	3949334688.29	94649803.02	4068539.13	736566835.10	32.05	352000000.00
				2015	2005	1112574397.80	4297577393.59	78311495.84	404782.38	563857409.92	16.85	880000000.00

续表

代码	简称	所属区域	所属行业	年份	上市年份	负债总额	资产总额	购建固定资产、无形资产和其他长期资产所支付的现金总和	处置固定资产、无形资产和其他长期资产所收回的现金总和	年末经营活动现金净流量	年末的股票收盘价格	总股本
000798	中水渔业	北京	农、林、牧、渔业—渔业	2008	1998	5219149999.96	1237230302.16	28998618.39	592593.00	9216668.54	4.78	319455000.00
				2009	1998	59278417.43	714452526.09	29841839.49	49963.50	8569836.40	7.83	319455000.00
				2010	1998	98508866.13	785744112.99	33518951.85	9706064.15	66689188.41	9.47	319455000.00
				2011	1998	196615669.60	924259632.53	36836841.56	123420.00	32795837.57	5.80	319455000.00
				2012	1998	119887872.18	891495289.21	52995441.45	133672.84	14214822.59	7.83	319455000.00
				2013	1998	95799425.73	934609824.31	24175807.20	36845.81	9314716.52	6.58	319455000.00
				2014	1998	86441703.96	929036131.02	46640372.27	0.00	-15662680.07	9.28	319455000.00
				2015	1998	303857326.06	851504349.20	80611219.31	4233.00	64273380.22	13.60	319455000.00
600540	新赛股份	新疆	农、林、牧、渔业—渔业	2008	2004	764129217.09	1683847605.39	48516362.86	244894.65	-232311803.68	4.79	232852672.00
				2009	2004	1270241433.22	2211521683.94	1201149789.60	2230003.56	-95010288.39	7.80	232852672.00
				2010	2004	1538486370.19	2536297833.04	71924121.39	695229.98	-210588771.61	8.78	232852672.00
				2011	2004	2328852672.00	2862573501.88	138344870.96	1114671.76	-175173368.69	7.12	302708474.00
				2012	2004	1597343384.30	2416944580.36	242851846.47	61750.00	7355900405.94	5.60	302708474.00
				2013	2004	1794032177.25	2657018154.40	336642418.32	611787.07	47151550.60	5.93	302708474.00
				2014	2004	1956963736.11	3360953506.09	201479856.35	10000.00	54694882.21	8.04	362248703.00
				2015	2004	1667657336.96	2917947154.37	44760182.59	108067.12	-19817689.83	8.46	470923313.00

续表

代码	简称	所属区域	所属行业	年份	上市年份	负债总额	资产总额	购建固定资产、无形资产和其他长期资产所支付的现金总和	处置固定资产、无形资产和其他长期资产所收回的现金总和	年末经营活动现金净流量	年末的股票收盘价格	总股本
300106	西部牧业	新疆	农、林、牧、渔业—畜牧业	2011	2010	255294084.86	831100390.31	62659262.43	337615.20	-21661026.41	12.97	117000000.00
				2012	2010	443466493.55	1100170122.93	140992927.62	7693904.38	25810361.65	11.18	117000000.00
				2013	2010	593457751.23	1280128573.11	70214430.31	1045461.54	-33834476.52	18.41	117000000.00
				2014	2010	993833911.73	1748810317.49	111620286.37	421344.34	-166624995.15	12.63	163800000.00
				2015	2010	1539480623.72	2270877509.36	100119181.07	0.00	72775916.45	19.89	163800000.00
002458	益生股份	山东	农、林、牧、渔业—畜牧业	2011	2010	183679064.41	1271137624.74	169808699.08	10195811.05	246159674.79	5.68	140400000.00
				2012	2010	568193048.24	1525913171.41	217319706.15	8270119.00	71892615.92	9.58	280800000.00
				2013	2010	890458050.31	1563190929.00	217484459.02	7985045.00	-98285503.88	8.20	280800000.00
				2014	2010	1117300515.81	1824511259.19	118495017.47	2681224.00	70034625.38	11.81	284513717.00
				2015	2010	1433348764.85	1754795712.09	67236984.43	3282363.60	-261497296.97	37.80	283399602.00
000592	平潭发展	福建	农、林、牧、渔业—林业	2008	1996	421942603.64	964244710.79	62931442.63	11962.39	37695961.34	1.58	579051565.00
				2009	1996	461042475.05	1072858533.31	51541331.41	26300.00	51050881.95	4.29	579051565.00
				2010	1996	684310050.53	1926899931.78	1351044557.27	26600.00	-96052105.78	5.22	651851565.00
				2011	1996	588007681.27	1822602632.08	357610672.00	51175972.00	-45734370.66	2.97	651851565.00
				2012	1996	553049403.81	1825241227.91	39921293.73	1585008.55	78804942.70	4.78	847407034.00
				2013	1996	479112462.51	1826902776.48	32374912.62	228038.69	-70240402.36	8.12	847407034.00
				2014	1996	715287154.80	2145355837.97	23052893.38	180700.00	-8881205.34	16.93	847407034.00
				2015	1996	372245920.51	3797895609.75	95621900.78	87616.99	-215521186.23	19.98	3425649689.24

续表

代码	简称	所属区域	所属行业	年份	上市年份	负债总额	资产总额	购建固定资产、无形资产和其他长期资产所支付的现金总和	处置固定资产、无形资产和其他长期资产所收回的现金总和	年末经营活动现金净流量	年末的股票收盘价格	总股本
600975	新五丰	湖南	农、林、牧、渔业—畜牧业	2008	2004	1422230273.09	586979314.10	62061263.99	4964174.57	7865669.20	3.60	180277020.00
				2009	2004	276565087.97	756652502.49	47189878.21	5521433.04	-57756097.41	6.55	180277020.00
				2010	2004	211143671.12	678618747.65	4737208.57	5811322.10	25879098.52	5.96	180277020.00
				2011	2004	214468317.36	754039920.62	21415274.30	15361358.16	62856498.79	4.86	180277020.00
				2012	2004	308721502.05	920583735.31	56069525.36	15322635.83	-37654938.74	6.11	234360126.00
				2013	2004	581199947.07	1203058142.27	162851194.84	11694858.94	-24794875.32	6.10	234360126.00
				2014	2004	684434387.34	1286463624.66	106582732.01	11628302.84	-28442582.10	11.78	234360126.00
				2015	2004	560891108.48	1690857643.06	54588283.95	17487348.46	85856485.86	16.81	326337792.00
300143	星河生物	广东	农、林、牧、渔业—农业	2011	2010	44418994.90	830263630.09	226690203.17	399.80	91315891.09	12.72	147400000.00
				2012	2010	189078094.99	999854474.76	392233977.71	102441.50	27059742.38	8.04	147400000.00
				2013	2010	390995426.62	1034296452.81	156431893.39	3823.44	13600812.41	9.80	147400000.00
				2014	2010	460032908.99	803998827.45	52474570.46	12000000.00	212481742.12	12.76	147400000.00
				2015	2010	364749475.58	1848859238.18	319074748.82	2000684.00	52372613.64	29.56	233938544.00

续表

代码	简称	所属区域	所属行业	年份	上市年份	负债总额	资产总额	购建固定资产、无形资产和其他长期资产所支付的现金总和	处置固定资产、无形资产和其他长期资产所收回的现金总额	年末经营活动现金净流量	年末的股票收盘价格	总股本
600965	福成股份	河北	农、林、牧、渔业—畜牧业	2008	2004	156536439.42	678041668.73	27977436.89	2454100.00	19432509.52	4.68	279403237.00
				2009	2004	149983530.08	665176135.37	21542979.78	705925.00	56072615.10	6.93	279403237.00
				2010	2004	164421723.07	637827477.29	15816586.19	2461918.00	20347840.18	6.85	279403237.00
				2011	2004	155324058.02	643457880.66	27557789.36	1461410.00	39699818.73	5.83	279403237.00
				2012	2004	197389735.99	696037561.70	27428718.83	8537300.00	27676468.64	5.61	279403237.00
				2013	2004	274483892.76	1162121762.62	99186548.63	75345689.29	65458512.58	6.68	406156370.00
				2014	2004	308685547.76	1239182330.85	167127553.53	2574000.00	190121233.26	8.97	528003281.00
				2015	2004	387506736.21	2016341045.99	211627114.97	6129280.00	258105639.00	16.30	818700955.00
002086	东方海洋	山东	农、林、牧、渔业—渔业	2008	2006	531127559.29	1594072768.89	217763413.74	59495.30	-82768693.37	2.79	1219250000.00
				2009	2006	520464912.35	1631858214.49	306345284.21	80000.00	95549725.79	13.23	243850000.00
				2010	2006	699865565.70	1885854617.78	165967078.87	46000.00	22873181.23	18.17	243850000.00
				2011	2006	842225203.95	2125314495.60	158922493.71	52000.00	42554195.93	12.80	243850000.00
				2012	2006	1007278893.80	2341675751.98	184901933.19	97962.10	116264971.50	10.83	243850000.00
				2013	2006	1122191475.48	2515383134.07	115511462.12	157078.53	35177751.80	9.09	243850000.00
				2014	2006	1215449863.37	2646335624.13	55692363.94	64900.00	-43541084.12	10.46	243850000.00
				2015	2006	94191959.67	3767744771.80	64790795.12	0.00	79646018.49	29.60	343850000.00

续表

代码	简称	所属区域	所属行业	年份	上市年份	负债总额	资产总额	购建固定资产、无形资产和其他长期资产所支付的现金总和	处置固定资产、无形资产和其他长期资产所收回的现金总和	年末经营活动现金净流量	年末的股票收盘价格	总股本
002321	华英农业	河南	农、林、牧、渔业—畜牧业	2010	2009	1262596405.25	2279818131.08	374819278.08	0.00	33110355.68	6.14	147000000.00
				2011	2009	1265783619.74	2340434625.72	357516772.72	49000.00	262981472.60	3.43	147000000.00
				2012	2009	1703619039.32	2769251416.86	297342093.61	14802320.00	302180495.04	6.70	294000000.00
				2013	2009	2076226025.99	3606774079.17	410111125.26	92353002.00	295262816.13	6.31	425800000.00
				2014	2009	2761304845.63	4276092316.82	418226387.33	67838212.70	711673770.20	7.59	425800000.00
				2015	2009	3429490286.12	4963521930.76	234171430.54		618771985.09	13.21	425800000.00
600598	北大荒	黑龙江	农、林、牧、渔业—农业	2008	2002	5259849599.38	10193213012.28	495375087.76	7004896.51	909747752.59	10.09	1676307587.00
				2009	2002	6782287660.99	11981814996.18	642912505.26	9018905.73	-934497988.81	14.63	1714481800.00
				2010	2002	12030641424.24	17904665176.36	637570705.06	1492100.00	-1958453003.86	12.83	1777679909.00
				2011	2002	11860426162.75	18002472210.28	440574315.10	154456.52	2096173655.95	8.48	1777679909.00
				2012	2002	10204862763.84	15696307762.11	458395389.47	6834.73	1516225638.09	8.16	1777679909.00
				2013	2002	8860860977.75	13852429951.54	214472872.29	1028166.21	1821115387.51	11.31	1777679909.00
				2014	2002	2590487433.93	8229025291.55	199237887.74	37869253.32	1910070353.49	9.91	1777679909.00
				2015	2002	1708259899.28	7234734621.30	216472859.65	4157227.17	775783029.26	14.73	1777679909.00
002299	圣农发展	福建	农、林、牧、渔业—畜牧业	2010	2009	1420201646.48	3204292366.40	838357207.17	3657827.74	274922649.13	8.71	410000000.00
				2011	2009	1319831920.77	5042816580.75	1289116952.63	0.00	462508049.29	14.54	910900000.00
				2012	2009	3156083506.38	6629373235.54	1489665250.10	0.00	397878527.49	10.68	910900000.00
				2013	2009	4822645094.81	8200848960.36	1721523434.31	29259.00	21605887.07	9.63	910900000.00
				2014	2009	6396977003.13	10038557827.20	1993507662.51	0.00	920817520.54	12.65	910900000.00
				2015	2009	5381295475.95	10960839132.36	1598592520.24	345500.00	432884409.18	21.99	1110900000.00

续表

代码	简称	所属区域	所属行业	年份	上市年份	负债总额	资产总额	购建固定资产、无形资产和其他长期资产所支付的现金总额	处置固定资产、无形资产和其他长期资产所收回的现金总额	年末经营活动现金净流量	年末的股票收盘价格	总股本
600257	大湖股份	湖南	农、林、牧、渔业—渔业	2008	2000	393778182.32	903740858.16	100510010.45	249641.00	66078760.38	3.18	427050000.00
				2009	2000	495734863.44	1036538853.46	127550524.83	974841.09	9776872.11	7.45	427050000.00
				2010	2000	585693653.77	1199676355.63	36646475.94	96598889.28	15864096.61	8.81	427050000.00
				2011	2000	550688393.92	1198146862.43	42971417.70	25234360.00	-3993674.68	6.22	427050000.00
				2012	2000	640188762.68	1298900970.71	33615672.96	71375.00	22630979.71	6.66	427050000.00
				2013	2000	558915981.89	1367972329.96	46749018.44	2762500.00	-75641515.03	7.48	427050000.00
				2014	2000	615219615.36	1418652925.35	51285151.57	1250157.05	656652.87	7.11	427050000.00
				2015	2000	706443140.77	1503576235.92	15687385.75	4563024.00	18028616.58	14.99	427050000.00
002234	民和股份	山东	农、林、牧、渔业—畜牧业	2009	2008	453640849.42	1036964727.22	98226692.77	0.00	2404183.59	3.91	107500000.00
				2010	2008	475353399.77	1108067006.73	184734956.09	957000.00	115705725.08	5.21	107500000.00
				2011	2008	509140154.24	2114995963.80	114857418.27	0.00	227973180.57	6.30	151023316.00
				2012	2008	689915922.74	2062401453.64	150119021.95	840000.00	-7499703.51	9.60	302046632.00
				2013	2008	683390443.62	1812723708.86	109394533.93	10678366.00	-63411143.15	8.96	302046632.00
				2014	2008	997582005.06	2189772838.42	166191857.00	186000.00	-173326630.05	8.70	302046632.00
				2015	2008	932393430.22	1809056949.81	200534800.67	1054.00	1783692260.95	17.98	302046632.00

续表

代码	简称	所属区域	所属行业	年份	上市年份	负债总额	资产总额	购建固定资产、无形资产和其他长期资产所支付的现金总和	处置固定资产、无形资产和其他长期资产所收回的现金总和	年末经营活动现金净流量	年末的股票收盘价格	总股本
600097	开创国际	上海	农、林、牧、渔业—渔业	2008	1997	358861352.86	807647840.86	158349965.83	173.94	196796549.06	10.76	410000000.00
				2009	1997	531849596.58	1132685072.11	277505925.77	0.00	188199254.26	18.29	410000000.00
				2010	1997	602326496.55	1233883656.28	135940286.69	161477.88	115458389.97	13.05	410000000.00
				2011	1997	649811029.02	1333413469.33	65566710.09	15110.00	145265418.71	9.88	410000000.00
				2012	1997	525228300.34	1321053174.75	46955770.70	0.00	322755022.21	12.10	410000000.00
				2013	1997	447733973.86	1299909606.65	141006408.10	17915305.05	184242129.24	12.69	410000000.00
				2014	1997	432611320.62	1351218830.99	47533440.99	1259920.00	170064316.52	14.25	410000000.00
				2015	1997	383965933.60	1176510928.86	19210150.71	0.00	81761234.51	19.64	410000000.00
002477	雏鹰农牧	河南	农、林、牧、渔业—畜牧业	2011	2010	607992524.97	2554020984.48	603539995.47	9851706.82	148217690.13	2.12	267000000.00
				2012	2010	2269954703.33	4468257145.23	1145183448.37	20279934.00	-90889490.11	7.17	534000000.00
				2013	2010	4036905797.71	6267156787.94	1075083124.54	37979937.47	234684846.83	10.34	854400000.00
				2014	2010	4361026618.15	7241181466.63	1067841763.89	17234285.63	-150798658.94	8.76	939056000.00
				2015	2010	5469638158.05	10181381936.60	1782804516.02	1524559296.43	-273171688.60	19.61	1045053210.00
000998	隆平高科	湖南	农、林、牧、渔业—农业	2008	2000	804402782.16	1900329629.06	259979376.79	4639938.27	152403393.20	5.44	252000000.00
				2009	2000	1044326084.20	2204440469.64	149756003.90	5142882.32	170876583.51	8.12	277200000.00
				2010	2000	1212649217.60	2441948069.00	69369858.15	20723765.67	158399556.86	14.27	277200000.00
				2011	2000	1592715355.45	2978611737.78	219329058.94	503811.36	194815948.16	11.34	277200000.00
				2012	2000	1950755320.15	3591654491.60	335977221.62	767501.50	209336897.76	20.35	415800000.00
				2013	2000	2094800933.38	3832779803.72	238806374.04	15677722.46	246920747.64	27.28	498050000.00
				2014	2000	2084693123.00	4105223769.85	288362635.09	34049122.73	276094324.08	19.69	996100000.00
				2015	2000	2569736508.22	5023760472.33	310339170.28	865374.98	350108125.25	23.75	996100000.00

续表

代码	简称	所属区域	所属行业	年份	上市年份	负债总额	资产总额	购建固定资产、无形资产和其他长期资产所支付的现金总和	处置固定资产、无形资产和其他长期资产所收回的现金总和	年末经营活动现金净流量	年末的股票收盘价格	总股本
300313	天山生物	新疆	农、林、牧、渔业—畜牧业	2013	2012	1322884809.91	5343743399.58	39955830.09	4980045.00	-26985924.12	18.34	909100000.00
				2014	2012	1735754443.57	610012373.40	91731722.77	30000.00	3184366.71	23.69	909100000.00
				2015	2012	4973117408.82	911912787.20	116912635.58	15636.53	-200045848.82	17.70	1869510000.00
002679	福建金森	福建	农、林、牧、渔业—林业	2013	2012	708990602.77	1374813230.45	1032870.17	0.00	-534580516.43	17.77	1386800000.00
				2014	2012	689534867.73	1389108794.87	33970904.83	7700.00	-2862852.57	18.60	1386800000.00
				2015	2012	928937841.04	1653006688.71	21488515.89	24320596.73	-56199656.68	27.89	1386800000.00
600313	农发种业	北京	农、林、牧、渔业—农业	2009	2001	1539110746.40	578956939.22	2530804.40	2846200.00	71494166.40	7.53	304200000.00
				2010	2001	65588158.35	5757099968.07	1045159.69	553000.00	1798756.48	6.73	304200000.00
				2011	2001	169302300.61	775668416.62	3295523.04	41722000.00	17809851.68	7.13	304200000.00
				2012	2001	513136570.48	1726174623.10	15197033.07	90000.00	44467315.50	7.14	367287248.00
				2013	2001	451058967.24	1771557307.23	28176743.07	5015222.00	7562703.21	8.16	367287248.00
				2014	2001	614239693.07	2323983075.29	64115276.13	24030003.84	349984.72	11.38	367287248.00
				2015	2001	1232362953.08	3766242642.38	111234990.05	6609208.00	1289879268.64	15.18	432879465.00
002714	牧原股份	河南	农、林、牧、渔业—畜牧业	2015	2014	3545527465.69	7067533220.76	1799051855.24	276093.83	915404078.43	44.07	516873109.00

附表 1　原始数据库（续）

代码	简称	年份	每10股现金股利	每股收益	第一大股东持股比例(%)	第二大股东持股比例(%)	第三大股东持股比例(%)	第四大股东持股比例(%)	第五大股东持股比例(%)	独立董事人数	董事会总人数	两职合一	公司高管持股股本(万股)	国有持股比例(%)	销售总额	净利润率(%)	净利润
600506	香梨股份	2008	0.00	-0.81	19.75	5.48	1.50	1.50	1.46	3	8	0	0	25.23	21393799.06	-557.08	-11583905.91
		2009	0.00	0.21	19.75	5.48	1.02	0.97	0.72	3	8	0	0	25.23	23080338.15	137.46	31726753.75
		2010	0.00	0.02	25.22	1.04	0.77	0.66	0.51	3	7	0	0	25.22	61386474.51	5.08	3117909.11
		2011	0.00	0.03	25.22	2.41	1.13	0.83	0.68	3	7	0	0	25.22	138353270.03	3.67	5083872.81
		2012	0.00	-0.04	25.22	2.40	0.87	0.75	0.74	3	7	0	0	25.22	60753142.42	-10.32	-6268510.03
		2013	0.00	0.03	25.22	1.27	0.80	0.77	0.72	3	7	0	0	25.22	115107898.19	3.55	4790000.00
		2014	0.00	-0.10	25.22	0.81	0.71	0.70	0.59	3	7	0	0	25.22	118809729.71	-14.60	-15080000.00
		2015	0.00	0.02	23.88	3.94	3.80	2.58	1.76	3	5	0	0	23.88	53865834.04	4.41	2380000.00
600108	亚盛集团	2008	0.00	0.09	14.65	4.50	1.43	0.89	0.64	5	14	0	198	14.65	1249907531.21	8.31	48019944.15
		2009	0.00	0.07	17.03	12.15	3.73	1.19	0.52	5	14	0	112	29.18	1402480242.54	8.48	118930897.88
		2010	0.00	0.07	17.03	11.26	2.60	2.47	1.74	5	15	0	112	28.29	1410533967.87	8.93	125962573.95
		2011	0.00	0.06	17.35	11.20	2.03	1.42	1.10	5	15	0	116	28.55	1470215171.48	7.94	116783600.23
		2012	0.25	0.24	16.44	9.99	3.18	2.82	2.82	5	9	0	0	26.43	2246057395.98	20.39	457917450.86
		2013	0.25	0.21	15.83	9.01	1.04	0.92	0.66	5	9	0	0	24.84	2336837177.69	10.92	380440000.00
		2014	0.20	0.11	14.85	9.01	0.56	0.51	0.44	1	2	0	0	23.86	2244848820.55	9.35	206130000.00
		2015	0.15	0.06	15.57	9.01	1.85	0.90	0.79	4	4	0	0	23.86	2191117593.57	5.60	1230090000.00

续表

代码	简称	年份	每10股现金股利	每股收益	第一大股东持股比例（%）	第二大股东持股比例（%）	第三大股东持股比例（%）	第四大股东持股比例（%）	第五大股东持股比例（%）	独立董事人数	董事会总人数	两职合一	公司高管持股股本（万股）	国有持股比例（%）	销售总额	净利润率（%）	净利润
300189	神农大丰	2012	0.50	0.23	22.41	11.88	5.96	5.00	3.75	3	8	0	6298	10.09	4315184335.57	15.80	68162874.77
		2013	0.50	0.04	22.41	11.88	5.96	5.00	3.75	3	9	0	6058	10.04	4543657781.09	7.72	38420000.00
		2014	0.50	-0.09	17.73	6.46	5.00	3.52	1.54	3	7	0	7000	10.04	3556600022.68	-32.60	-88480000.00
		2015	0.00	0.01	17.73	5.00	2.99	1.48	1.32	3	6	0	18896	5.88	332745412.02	0.05	7480000.00
601118	海南橡胶	2012	0.50	0.08	72.98	1.96	0.73	0.51	0.50	3	9	0	0	76.99	11674134793.86	2.61	305048849.95
		2013	0.50	0.04	72.98	1.96	0.50	0.17	0.16	3	9	0	0	76.10	11694732913.16	1.38	156160000.00
		2014	0.20	0.01	70.00	0.50	0.20	0.19	0.18	0	3	0	0	70.50	11198671739.10	0.26	22380000.00
		2015	0.02	-0.25	70.00	1.67	0.50	0.49	0.36	3	8	0	12	70.50	8400121545.48	-11.70	-98971000.00
300087	荃银高科	2011	1.00	0.20	8.77	6.41	5.95	4.82	3.85	4	9	0	4157	0.00	279089342.67	9.50	26512839.39
		2012	0.00	0.21	8.77	6.41	5.95	4.82	3.85	4	9	0	3906	0.00	406748489.16	8.75	35590162.38
		2013	0.00	0.02	11.39	8.77	4.82	4.46	2.87	4	9	0	4085	0.00	466066716.75	5.32	7740000.00
		2014	1.50	0.02	11.39	8.77	7.90	3.88	3.62	2	3	0	1804	0.00	469022777.13	5.15	5230000.00
		2015	0.00	0.07	9.49	8.77	7.90	3.62	2.52	4	9	1	7225	0.00	607448026.24	7.06	22140000.00

续表

代码	简称	年份	每10股现金股利	每股收益	第一大股东持股比例(%)	第二大股东持股比例(%)	第三大股东持股比例(%)	第四大股东持股比例(%)	第五大股东持股比例(%)	独立董事人数	董事会总人数	两职合一	公司高管持股股本(万股)	国有持股比例(%)	销售总额	净利润率(%)	净利润
600371	万向德农	2008	2.00	0.20	61.20	1.74	1.48	0.74	0.63	3	9	0	0	0.00	653654761.38	5.55	36281378.04
		2009	2.00	0.24	61.20	0.96	0.77	0.48	0.40	3	9	0	0	0.00	665333771.06	7.07	47054931.06
		2010	2.00	0.24	61.20	0.43	0.40	0.38	0.32	3	8	0	0	0.00	587215980.81	7.99	46935786.12
		2011	3.00	0.47	61.20	3.84	2.35	0.76	0.66	3	9	0	0	0.00	562146637.98	15.54	87363029.88
		2012	2.00	0.49	61.20	0.55	0.54	0.42	0.37	3	8	0	0	0.00	660618661.21	13.59	89755707.48
		2013	2.00	-0.17	51.20	2.21	0.33	0.32	0.28	3	8	0	0	0.00	413015082.51	-9.31	-35390000.00
		2014	0.00	0.02	48.76	0.42	0.31	0.23	0.21	3	6	0	0	0.00	438199300.97	0.60	4430000.00
		2015	0.36	0.03	48.76	2.17	0.84	0.65	0.59	3	5	0	12	0.00	371715892.15	1.68	5680000.00
600467	好当家	2008	0.00	0.20	47.76	1.24	0.95	0.64	0.55	3	9	0	49	0.00	474956113.94	25.88	122920947.27
		2009	0.60	0.12	46.86	1.89	1.23	0.99	0.95	3	9	0	49	0.00	528290284.77	14.10	74491554.88
		2010	0.00	0.23	46.21	2.69	2.69	1.95	1.71	3	9	0	49	0.00	774110665.50	18.67	144510683.33
		2011	0.50	0.32	41.51	2.75	2.39	2.21	1.94	3	9	0	51	0.00	880866259.79	23.31	205328964.93
		2012	0.90	0.30	41.54	2.39	2.02	1.45	1.44	3	9	0	27	0.00	1028681877.41	20.40	209852167.61
		2013	0.90	0.16	41.54	1.64	1.08	0.90	0.77	3	9	0	27	0.00	969331768.19	10.55	114950000.00
		2014	0.50	0.03	41.54	0.62	0.58	0.57	0.47	3	6	0	27	0.00	881254604.83	1.60	20580000.00
		2015	0.09	0.05	40.69	1.15	0.96	0.94	0.94	3	6	0	27	0.00	986967423.93	3.10	35190000.00

续表

代码	简称	年份	每10股现金股利	每股收益	第一大股东持股比例（%）	第二大股东持股比例（%）	第三大股东持股比例（%）	第四大股东持股比例（%）	第五大股东持股比例（%）	独立董事人数	董事会总人数	两职合一	公司高管持股股本（万股）	国有持股比例（%）	销售总额	净利润率（%）	净利润
600354	敦煌种业	2008	0.00	0.07	18.19	9.80	4.33	2.52	2.27	3	9	0	0	18.19	1109980326.03	5.93	65992825.14
		2009	0.00	0.16	17.17	9.79	4.30	3.58	3.34	3	9	0	0	17.17	1512696635.35	9.34	141293341.00
		2010	0.00	0.43	15.66	7.23	4.29	3.52	3.50	3	9	0	0	15.66	1589356456.17	14.91	237043570.66
		2011	0.00	0.04	15.22	6.60	4.14	2.66	2.46	4	11	0	0	15.22	1816778206.96	7.45	135426246.14
		2012	0.00	-0.29	15.22	6.60	3.48	2.23	1.68	4	11	0	0	15.22	1974436811.57	-2.19	-43264970.23
		2013	0.00	0.03	15.22	6.60	2.47	1.31	0.48	4	11	0	0	15.22	1874811756.60	6.11	17340000.00
		2014	0.00	-0.74	15.22	6.60	2.47	1.51	1.01	4	9	0	0	15.22	1255860454.79	-21.75	-324060000.00
		2015	0.00	0.05	12.92	11.37	5.60	3.79	1.42	4	8	0	0	13.77	1304026666.04	4.30	22350000.00
000735	罗牛山	2008	0.00	0.09	10.31	3.14	2.08	1.64	1.64	3	7	0	32	0.99	802095480.85	10.93	87706349.55
		2009	0.00	0.07	10.31	3.14	1.64	1.64	1.48	3	7	0	25	0.99	818714166.19	8.06	65998005.44
		2010	0.00	0.03	10.31	3.14	1.64	1.64	1.48	3	7	0	20	0.00	882404764.22	3.44	30375211.08
		2011	0.00	0.07	10.31	3.14	1.64	1.64	1.48	3	7	0	17	0.00	1104104689.80	6.08	67118727.33
		2012	0.00	0.02	10.92	3.14	1.64	1.64	1.48	3	7	0	6	0.00	851295800.76	2.93	24957611.58
		2013	0.00	0.03	10.92	3.14	2.94	1.64	1.64	3	7	0	6	0.00	1719531920.81	1.48	28350000.00
		2014	0.20	0.06	10.92	3.14	2.94	1.64	1.64	3	7	0	6	0.00	1005817243.57	7.09	50990000.00
		2015	0.20	0.07	10.92	3.14	2.94	2.35	1.64	3	7	0	86	2.35	729998909.71	8.84	60830000.00

续表

代码	简称	年份	每10股现金股利	每股收益	第一大股东持股比例(%)	第二大股东持股比例(%)	第三大股东持股比例(%)	第四大股东持股比例(%)	第五大股东持股比例(%)	独立董事人数	董事会总人数	两职合一	公司高管持股股本(万股)	国有持股比例(%)	销售总额	净利润率(%)	净利润
300094	国联水产	2011	0.00	0.03	45.26	19.02	2.28	1.86	0.71	3	9	0	0	0.00	1315912289.18	0.89	11720320.32
		2012	0.00	-0.64	45.26	19.02	1.08	0.51	0.43	3	8	0	12953	0.00	1452799067.92	-15.52	-225507725.19
		2013	0.00	0.16	45.26	19.02	0.83	0.82	0.64	3	8	1	103	0.00	2213827410.03	2.55	56490000.00
		2014	0.00	0.64	40.12	18.94	2.21	1.43	1.01	3	8	1	103	0.00	2129362231.99	10.57	225010000.00
		2015	0.86	0.06	32.68	14.69	3.26	2.44	2.30	3	9	0	1982	0.00	2070469926.65	1.10	22770000.00
002447	壹桥海参	2011	0.50	0.37	48.51	11.01	2.54	1.46	1.42	3	7	1	8106	0.00	208356829.02	48.15	100315293.03
		2012	0.60	0.60	48.51	11.01	2.54	1.46	1.19	3	7	1	16212	0.00	372156576.32	43.24	160921815.65
		2013	0.60	0.20	48.51	11.01	2.54	1.46	1.20	3	7	1	16212	0.00	532701657.35	30.51	162530000.00
		2014	0.60	0.25	40.99	9.31	3.15	2.96	2.78	3	7	1	24648	0.00	540028124.34	42.36	228730000.00
		2015	0.50	0.26	34.40	9.30	2.78	2.20	2.06	3	7	1	42897	0.00	579263111.88	42.92	248630000.00
002041	登海种业	2008	0.00	0.01	52.95	7.28	3.98	3.73	2.05	4	11	0	1660	3.73	416934462.39	14.77	61578566.64
		2009	2.00	0.53	52.95	7.28	3.00	2.10	2.05	4	11	0	1660	2.10	579117295.80	31.85	184462194.59
		2010	2.00	0.59	52.95	7.28	3.94	2.84	2.00	4	9	0	1570	1.53	937803517.31	41.00	384524747.46
		2011	1.00	0.66	53.07	7.28	1.60	1.54	1.44	4	9	0	3145	1.44	1152988833.18	35.80	412754820.05
		2012	1.00	0.73	53.10	7.28	1.54	1.44	0.97	4	9	0	3145	1.90	1170806749.28	36.19	423763655.58
		2013	1.00	0.38	53.10	7.28	1.75	1.44	1.16	4	11	0	2971	1.44	1505375096.66	37.53	337680000.00
		2014	1.00	0.43	53.10	7.28	1.28	1.01	0.98	4	11	0	327	0.98	1480081484.48	36.18	380370000.00
		2015	5.20	0.42	53.18	7.31	2.02	1.69	0.98	4	9	0	818	0.98	1530773334.98	32.10	368390000.00

续表

代码	简称	年份	每10股现金股利	每股收益	第一大股东持股比例(%)	第二大股东持股比例(%)	第三大股东持股比例(%)	第四大股东持股比例(%)	第五大股东持股比例(%)	独立董事人数	董事会总人数	两职合一	公司高管持股股本(万股)	国有持股比例(%)	销售总额	净利润率(%)	净利润
000798	中水渔业	2008	0.00	-0.06	25.36	20.36	13.46	0.46	0.32	3	9	0	3	59.18	380347607.15	-17.58	-55420411.38
		2009	0.30	0.08	25.36	20.36	13.46	0.47	0.38	3	9	0	2	59.18	350950915.35	6.53	20897033.07
		2010	0.50	0.16	25.36	20.36	13.46	0.59	0.59	3	9	0	0	59.18	364480740.65	13.71	49952095.01
		2011	0.50	0.19	25.36	20.36	13.46	0.44	0.33	3	9	0	0	59.18	351558659.63	17.30	63513756.88
		2012	0.60	0.18	25.36	20.36	13.46	0.77	0.41	3	9	0	0	59.18	503836480.32	12.61	63513756.88
		2013	0.60	0.17	25.36	20.36	13.46	0.56	0.40	3	9	0	0	59.18	296131021.96	17.66	54310000.00
		2014	0.55	0.07	25.36	20.36	13.46	1.19	1.10	0	3	0	0	59.18	378756392.67	5.15	21050000.00
		2015	0.40	-0.75	25.36	20.36	13.46	0.90	0.65	2	5	0	8	59.18	521523302.38	-68.59	-240870000.00
600540	新赛股份	2008	0.40	0.04	49.53	2.58	0.56	0.46	0.36	3	9	0	0	50.55	1343175631.12	1.10	16389424.25
		2009	0.40	0.05	49.53	4.30	2.21	1.14	0.75	3	9	0	0	59.29	1226901901.34	1.30	15962148.65
		2010	0.40	0.27	49.49	2.99	0.84	0.65	0.61	3	9	0	0	52.94	1886268818.26	2.25	42388383.84
		2011	0.00	-0.79	49.49	2.63	1.64	0.46	0.43	3	7	1	0	54.65	1826905531.41	-15.38	-281014917.68
		2012	0.00	0.12	49.49	0.66	0.46	0.45	0.30	3	9	0	0	50.91	1826905531.41	0.47	12574371.49
		2013	0.00	-0.10	49.49	0.46	0.45	0.25	0.25	3	9	0	0	50.14	1361014028.79	-3.26	-38520000.00
		2014	0.00	0.04	43.01	6.08	3.93	3.04	1.73	0	2	0	0	43.39	1103264980.96	-0.95	14350000.00
		2015	0.00	-0.23	41.11	6.08	3.77	0.67	0.42	3	9	0	0	41.49	1192420710.73	-12.89	-109740000.00

续表

代码	简称	年份	每10股现金股利	每股收益	第一大股东持股比例(%)	第二大股东持股比例(%)	第三大股东持股比例(%)	第四大股东持股比例(%)	第五大股东持股比例(%)	独立董事人数	董事会总人数	两职合一	公司高管持股股本(万股)	国有持股比例(%)	销售总额	净利润率(%)	净利润
300106	西部牧业	2011	0.65	0.33	44.32	14.13	7.76	2.56	1.55	3	9	0	95	46.88	314699751.71	12.27	38626121.03
		2012	0.25	0.27	44.32	14.13	2.56	1.55	1.14	3	9	0	265	46.88	481038879.97	6.34	30483330.28
		2013	0.25	0.17	44.32	9.52	2.56	2.45	1.55	3	8	0	82	46.88	451460275.35	6.59	27180000.00
		2014	0.25	0.14	44.32	3.54	1.91	1.22	1.03	2	6	0	42	44.32	771379830.66	4.00	22490000.00
		2015	0.20	0.14	44.32	1.83	0.82	0.49	0.36	0	4	0	79	44.32	599902012.38	3.50	23110000.00
002458	益生股份	2011	10.00	0.83	51.46	5.39	3.08	2.15	1.89	3	9	1	9138	0.00	770378185.51	30.39	234128549.22
		2012	0.00	0.04	51.46	5.39	3.08	2.15	1.89	3	9	0	18428	0.00	601419273.54	1.77	10661562.84
		2013	0.00	-1.03	51.46	5.39	3.08	2.15	1.62	3	9	0	18266	0.00	502875826.03	-57.53	-288730000.00
		2014	0.00	0.08	50.79	5.32	4.81	3.04	1.60	3	9	0	18266	8.34	841921368.35	2.76	23510000.00
		2015	0.00	-1.43	46.05	4.94	4.01	2.29	2.27	2	8	0	15867	0.00	604290341.75	-66.82	-400640000.00
000592	平潭发展	2008	0.00	0.09	54.80	5.88	2.16	1.73	1.48	2	5	0	0	0.32	283526011.92	28.99	82189651.67
		2009	0.00	0.11	54.80	5.88	0.94	0.32	0.23	2	5	0	6	0.00	322947036.81	22.92	74014831.11
		2010	0.00	0.12	48.68	5.23	3.04	1.99	1.79	2	5	0	4	0.00	498970542.24	18.21	90881408.68
		2011	0.00	0.01	45.29	3.04	1.53	1.53	1.24	2	5	0	6	0.00	688609630.44	1.24	8512484.04
		2012	0.00	0.01	35.88	2.01	1.53	1.32	1.19	2	5	0	7	0.00	727285125.95	2.28	16574948.15
		2013	0.00	0.05	33.46	2.42	1.79	1.57	1.26	2	5	0	7	0.00	857860505.32	5.69	43480000.00
		2014	0.00	0.08	35.88	2.20	1.57	0.94	0.77	0	3	0	7	0.00	864754093.28	8.88	70410000.00
		2015	0.00	0.04	2.37	1.86	1.84	1.36	1.35	2	4	0	47	3.98	963181720.15	4.34	37710000.00

续表

代码	简称	年份	每10股现金股利	每股收益	第一大股东持股比例(%)	第二大股东持股比例(%)	第三大股东持股比例(%)	第四大股东持股比例(%)	第五大股东持股比例(%)	独立董事人数	董事会总人数	两职合一	公司高管持股股本(万股)	国有持股比例(%)	销售总额	净利润率(%)	净利润
600975	新五丰	2008	0.00	0.05	38.14	5.57	1.22	0.32	0.24	3	8	0	0	39.36	773143793.10	1.14	8840472.20
		2009	1.20	0.12	37.54	1.22	0.57	0.55	0.30	3	9	0	0	38.76	574736866.40	3.79	21793689.31
		2010	0.00	0.08	37.54	1.22	0.63	0.44	0.43	3	9	0	0	38.76	877251303.37	2.14	18729341.25
		2011	0.00	0.31	37.54	1.22	0.39	0.25	0.24	3	8	0	0	38.76	961316573.41	7.50	60246100.48
		2012	0.50	0.09	37.54	1.22	0.48	0.39	0.39	3	8	0	0	38.76	1037944248.42	1.86	24416742.02
		2013	0.50	0.06	37.54	1.22	0.54	0.39	0.27	3	9	0	0	38.76	1130087615.49	0.87	13630000.00
		2014	0.00	-0.21	37.54	1.68	1.66	1.20	1.04	3	9	0	0	37.54	1302493866.31	-5.28	-48960000.00
		2015	0.00	0.13	34.94	15.96	2.63	1.60	1.60	3	8	0	0	38.14	1326036664.34	0.44	36960000.00
300143	星河生物	2011	2.00	0.40	36.54	12.16	7.07	5.09	2.75	3	7	0	5610	0.00	207569407.92	28.35	58849583.37
		2012	0.00	0.04	36.54	7.47	5.89	5.09	2.75	3	7	1	5632	0.00	247828230.65	1.81	4489947.68
		2013	0.00	-1.11	36.54	5.09	4.05	2.72	2.14	3	5	1	5526	0.00	254837544.23	-65.64	-163160000.00
		2014	0.00	-1.99	36.54	4.82	3.60	2.62	2.14	0	1	0	77	0.00	307842534.93	-97.24	-293270000.00
		2015	0.00	0.07	36.54	2.79	2.64	2.36	2.14	0	1	0	77	0.00	280137234.37	5.41	10580000.00

续表

代码	简称	年份	每10股现金股利	每股收益	第一大股东持股比例(%)	第二大股东持股比例(%)	第三大股东持股比例(%)	第四大股东持股比例(%)	第五大股东持股比例(%)	独立董事人数	董事会总人数	两职合一	公司高管持股股本(万股)	国有持股比例(%)	销售总额	净利润率(%)	净利润
600965	福成股份	2008	0.40	0.07	27.66	18.45	2.78	0.50	0.33	3	9	0	0	0.00	615489834.29	3.15	19393069.51
		2009	0.30	0.02	27.66	11.03	2.69	1.07	0.32	3	9	0	0	0.00	526872775.18	0.92	4863505.46
		2010	0.00	-0.12	27.66	5.33	2.51	0.77	0.43	3	9	0	0	0.00	505418313.03	-6.61	-33404753.96
		2011	0.30	0.05	27.66	4.99	1.65	1.47	1.17	3	8	1	0	0.00	521449628.25	2.82	14728068.42
		2012	0.30	0.07	27.66	4.99	1.70	1.65	0.56	3	7	1	0	0.00	571820657.85	3.30	18896100.18
		2013	0.30	0.22	19.03	13.98	3.68	3.44	3.34	0	7	0	2716	0.00	1026673081.47	8.83	90770000.00
		2014	0.70	0.16	19.03	13.98	3.68	3.34	3.34	0	7	1	3532	0.00	1100242977.76	10.76	71430000.00
		2015	0.70	0.20	47.78	9.01	3.38	2.37	2.16	0	7	1	4532	0.00	1343812355.13	12.37	166380000.00
002086	东方海洋	2008	0.60	0.20	25.02	6.96	6.07	4.10	3.28	2	8	0	584	3.28	560081255.16	8.39	47009750.33
		2009	0.00	0.23	25.02	3.28	1.84	1.53	1.40	3	9	0	1168	0.00	473514322.42	11.98	56726913.94
		2010	0.00	0.30	25.02	3.28	2.76	2.63	2.46	3	9	0	1109	0.00	623890657.12	12.06	75218125.65
		2011	2.00	0.39	25.02	4.51	3.81	3.30	1.99	3	9	0	810	0.00	752472302.22	12.98	97646529.78
		2012	0.00	0.41	25.02	3.30	2.20	1.29	1.06	3	8	0	806	0.00	676377709.30	15.04	101752605.56
		2013	0.00	0.23	25.02	3.30	0.64	0.61	0.56	2	8	1	806	0.00	615510337.66	9.56	57010000.00
		2014	0.00	0.17	25.02	3.30	1.70	1.67	1.65	2	8	1	806	0.00	604504765.46	7.21	41600000.00
		2015	0.00	0.20	35.19	6.98	2.91	2.34	1.85	3	7	1	806	0.00	674606421.29	7.46	49960000.00

续表

代码	简称	年份	每10股现金股利	每股收益	第一大股东持股比例(%)	第二大股东持股比例(%)	第三大股东持股比例(%)	第四大股东持股比例(%)	第五大股东持股比例(%)	独立董事人数	董事会总人数	两职合一	公司高管持股股本(万股)	国有持股比例(%)	销售总额	净利润率(%)	净利润
002321	华英农业	2010	2.00	0.38	28.59	18.33	14.29	7.18	3.41	3	9	1	0	52.58	1303320226.26	4.23	55173572.19
		2011	1.00	0.29	28.59	15.41	14.29	5.76	2.05	4	9	1	0	51.40	1685878719.46	5.15	86829280.15
		2012	0.00	0.02	28.59	13.95	11.91	1.34	1.02	3	9	1	349	41.84	1809417147.54	0.31	5681371.56
		2013	0.00	-0.35	19.74	9.36	8.24	6.58	4.53	3	7	1	313	33.46	1756369219.80	-7.39	-127370000.00
		2014	0.00	0.03	19.74	5.72	4.47	3.00	2.12	3	9	1	230	26.33	1843102830.81	0.75	12580000.00
		2015	0.00	0.04	19.74	6.36	2.58	2.11	1.90	3	7	1	313	19.74	1857499503.11	0.93	17480000.00
600598	北大荒	2008	2.68	0.36	68.64	1.56	0.47	0.36	0.32	4	10	1	0	68.64	5610025153.25	9.83	551729119.44
		2009	1.48	0.21	66.51	0.97	0.87	0.75	0.64	4	11	0	0	66.51	6521953199.48	4.99	325205007.66
		2010	1.55	0.20	64.14	3.98	3.14	1.86	0.62	4	11	0	0	64.14	9227687397.56	3.78	347583187.09
		2011	1.85	0.25	64.14	3.95	2.61	2.55	0.78	4	11	1	0	64.14	13333152202.92	3.18	423504266.34
		2012	0.00	-0.11	64.14	2.25	1.07	0.76	0.56	4	11	1	0	64.14	13605393995.36	-2.35	-318384049.00
		2013	0.00	-0.21	64.14	0.56	0.47	0.26	0.22	4	8	0	0	64.14	9409513052.16	-5.54	-376.79
		2014	0.00	0.45	64.14	0.28	0.28	0.23	0.21	5	9	0	0	64.14	5113819813.61	14.14	799.81
		2015	3.90	0.37	64.14	0.46	0.42	0.41	0.36	4	8	0	8	64.14	3654397734.62	17.02	658740000.00

代码	简称	年份	每10股现金股利	每股收益	第一大股东持股比例（%）	第二大股东持股比例（%）	第三大股东持股比例（%）	第四大股东持股比例（%）	第五大股东持股比例（%）	独立董事人数	董事会总人数	两职合一	公司高管持股股本（万股）	国有持股比例（%）	销售总额	净利润率（%）	净利润
002299	圣农发展	2010	2.50	0.34	57.27	4.86	3.29	1.95	1.37	3	9	1	976	0.00	2069516920.97	13.44	278081246.09
		2011	3.30	0.54	51.55	4.37	1.65	1.19	1.10	3	9	1	1850	2.20	3111347537.01	15.17	472042483.05
		2012	0.00	0.00	51.55	4.37	2.54	1.22	1.19	3	9	1	1892	3.35	4099300058.91	-0.83	-34221922.83
		2013	0.00	-0.24	51.55	4.37	3.44	2.14	1.19	3	9	1	1568	2.20	4708227702.10	-5.56	-219.75
		2014	0.00	0.08	51.55	4.37	3.18	3.18	1.43	1	6	1	1477	1.08	6436059894.41	0.59	76180000.00
		2015	0.00	-0.37	42.46	18.00	3.22	1.27	1.25	3	8	1	1417	0.71	6939825279.22	-7.19	-387790000.00
600257	大湖股份	2008	0.00	-0.31	22.73	0.23	0.17	0.15	0.12	2	5	0	0	0.00	343599200.10	-38.76	-133180287.94
		2009	0.00	0.05	22.25	0.55	0.52	0.46	0.45	2	5	0	0	0.00	413409340.47	4.97	205466649.47
		2010	0.00	0.17	21.72	3.20	2.86	2.00	1.87	2	5	0	0	0.00	447809718.67	15.68	74298711.84
		2011	0.00	0.04	21.72	2.34	1.40	1.34	1.00	2	5	1	0	0.00	521143749.83	3.54	18483648.95
		2012	0.10	0.04	21.72	0.55	0.51	0.44	0.40	2	5	1	0	0.00	575517011.00	2.95	169837739.52
		2013	0.10	0.36	21.72	0.56	0.44	0.40	0.37	2	5	1	0	0.00	623970942.00	24.71	154220000.00
		2014	0.00	0.04	22.19	0.62	0.62	0.44	0.42	2	5	0	0	0.00	676466196.42	3.29	160000000.00
		2015	0.00	0.01	22.19	1.25	1.15	1.10	1.05	2	5	0	0	0.00	808924738.75	0.62	2630000.00

续表

代码	简称	年份	每10股现金股利	每股收益	第一大股东持股比例（%）	第二大股东持股比例（%）	第三大股东持股比例（%）	第四大股东持股比例（%）	第五大股东持股比例（%）	独立董事人数	董事会总人数	两职合一	公司高管持股股本（万股）	国有持股比例（%）	销售总额	净利润率（%）	净利润
002234	民和股份	2009	0.00	-0.39	53.17	5.24	2.84	1.96	1.49	1	6	1	5716	0.00	725729229.42	-5.90	-42852201.53
		2010	1.00	0.41	53.17	5.24	2.84	2.64	1.96	3	9	0	5797	0.00	1003118947.87	4.92	49389729.16
		2011	10.00	0.84	37.85	4.76	4.64	4.51	3.73	3	9	0	5797	2.65	1345200246.26	14.01	188471403.78
		2012	0.00	-0.27	37.85	4.76	4.51	3.64	3.31	3	9	0	12196	2.63	1345200246.26	-6.91	-82346962.64
		2013	0.00	-0.81	37.85	2.98	2.53	2.30	2.19	3	9	0	12196	0.00	996313767.09	-24.63	-245420000.00
		2014	0.00	0.21	37.85	4.27	3.03	2.02	1.74	3	9	0	12720	0.00	1186417366.13	5.28	62690000.00
		2015	0.00	-1.04	37.85	4.47	3.27	3.16	2.65	3	9	0	12782	0.00	900799701.79	-35.03	-315530000.00
600097	开创国际	2008	0.00	1.80	43.02	12.65	2.79	2.37	2.19	3	10	0	0	43.02	1032236536.02	15.21	157016650.44
		2009	0.00	0.75	43.02	12.65	2.79	2.37	2.19	3	9	0	0	43.02	811344169.75	18.75	152103643.43
		2010	0.50	0.13	43.02	12.65	2.55	1.94	0.80	3	9	0	0	43.02	581204067.44	4.67	27126154.02
		2011	0.80	0.32	43.02	12.63	2.21	1.60	0.93	3	9	0	0	43.02	734636994.73	8.95	65749245.69
		2012	2.00	0.64	43.02	14.24	2.21	1.14	0.75	3	9	0	0	43.02	819818889.58	15.71	128778180.63
		2013	2.00	0.51	43.02	16.45	1.78	1.07	0.93	3	9	0	0	43.02	815560060.18	12.64	103110000.00
		2014	2.00	0.52	43.02	16.45	1.92	0.71	0.60	3	9	0	0	43.02	831010886.69	12.77	106160000.00
		2015	1.60	-0.55	43.02	8.98	0.71	0.53	0.50	3	4	0	0	43.02	675047903.11	-16.34	-110810000.00

续表

代码	简称	年份	每10股现金股利	每股收益	第一大股东持股比例(%)	第二大股东持股比例(%)	第三大股东持股比例(%)	第四大股东持股比例(%)	第五大股东持股比例(%)	独立董事人数	董事会总人数	两职合一	公司高管持股股本(万股)	国有持股比例(%)	销售总额	净利润率(%)	净利润
002477	雏鹰农牧	2011	4.50	0.80	46.42	3.45	3.37	2.77	2.28	4	10	1	13366	0.00	1300094628.27	32.97	428580576.77
		2012	2.00	0.57	46.44	3.45	3.37	3.00	1.84	4	11	1	28557	0.00	1583223881.55	19.09	302298893.25
		2013	2.00	0.09	46.44	4.79	3.45	3.37	1.84	4	11	0	45673	0.00	1868073444.02	4.07	75620000.00
		2014	0.30	-0.19	46.47	3.14	3.07	1.67	1.67	4	11	0	49663	1.54	1761684746.80	-10.45	-189460000.00
		2015	0.00	0.22	39.84	3.00	2.83	2.76	2.00	4	10	0	47705	1.50	3619021187.48	6.36	220420000.00
000998	隆平高科	2008	0.70	0.16	22.22	7.94	1.59	0.44	0.43	4	12	0	400	8.38	1081301739.71	6.11	66013636.02
		2009	0.70	0.18	21.21	8.04	2.99	1.61	1.32	4	12	0	446	8.49	1054749535.16	7.66	80818651.09
		2010	0.50	0.27	21.21	8.04	3.03	2.09	1.98	4	12	0	446	8.04	1280396579.19	10.52	134740692.70
		2011	1.00	0.32	17.24	8.04	2.44	1.62	1.61	4	10	0	0	8.04	1552269239.64	14.66	227634262.29
		2012	1.50	0.41	17.24	8.04	2.37	1.61	1.47	4	11	0	669	8.04	1703309762.18	16.55	282189829.56
		2013	1.00	0.20	17.24	8.04	4.28	3.68	3.29	4	12	0	669	8.04	1884716266.51	16.09	186280000.00
		2014	0.00	0.36	14.40	6.71	3.01	2.96	2.35	4	14	0	5509	6.71	1815424946.98	17.95	362020000.00
		2015	0.50	0.49	14.49	6.71	2.96	2.35	1.95	4	12	0	6305	6.71	2025824711.54	23.07	491070000.00
300313	天山生物	2013	0.00	0.05	30.84	19.81	6.84	2.95	2.87	2	8	1	139	26.65	826565575.60	12.29	96200000.00
		2014	0.50	0.01	30.84	19.8	3.54	3.50	2.88	3	9	1	112	23.35	121943044.66	1.73	17900000.00
		2015	0.50	-0.20	30.00	19.2	3.44	1.73	1.60	2	4	1	533	22.71	246867894.03	-19.24	-35660000.00

续表

代码	简称	年份	每10股现金股利	每股收益	第一大股东持股比例(%)	第二大股东持股比例(%)	第三大股东持股比例(%)	第四大股东持股比例(%)	第五大股东持股比例(%)	独立董事人数	董事会总人数	两职合一	公司高管持股股本(万股)	国有持股比例(%)	销售总额	净利润率(%)	净利润
002679	福建金森	2013	1.10	0.35	70.32	2.50	1.98	0.20	0.16	3	8	0	0	75.00	174263656.50	27.60	48130000.00
		2014	0.95	0.34	70.32	2.50	1.98	0.91	0.59	3	9	0	0	75.00	190206399.58	24.67	46990000.00
		2015	0.90	0.27	70.32	3.16	1.98	1.37	0.84	3	8	0	0	72.30	198786732.91	18.60	37050000.00
600313	农发种业	2009	0.00	-0.08	32.91	23.36	1.22	0.90	0.68	4	11	0	0	56.27	519606497.71	-5.33	-27490000.00
		2010	0.00	0.17	32.91	23.36	0.81	0.68	0.33	4	11	0	0	32.91	525348750.58	11.71	49380000.00
		2011	0.00	0.03	32.91	11.06	10.00	0.97	0.85	4	10	0	0	32.91	1254385804.24	1.70	7980000.00
		2012	0.00	0.09	27.25	17.18	8.28	4.01	0.64	4	11	0	0	44.43	2787382871.23	2.16	24130000.00
		2013	0.00	0.12	27.15	17.18	0.68	0.63	0.54	3	7	0	0	44.43	2529148765.93	3.36	42690000.00
		2014	0.00	0.30	27.15	17.18	1.50	1.35	1.21	3	6	0	0	44.43	3050359595.57	5.04	110550000.00
		2015	1.00	0.22	23.12	14.57	4.40	1.87	1.80	3	5	1	55	37.69	3772977948.58	3.63	84520000.00
002714	牧原股份	2006	0.61	1.23	47.60	16.29	4.32	1.99	1.46	3	8	1	51521	0.00	3003474722.79	19.84	595850000.00

资料来源：国泰安CSMAR数据库、证券之星数据中心。

附表2 路径研究各观测变量指标值

序号	X_{11}	X_{12}	X_{13}	X_{21}	X_{22}	X_{23}	X_{31}	X_{32}	X_{33}	Y_1	Y_2	Y_3
1	1.957134	2	0.1703	0.357143	0	5	1.74E+09	6.45E-04	0.2918	0.4023	-2.92E+08	0
2	1.957134	2	0.1703	0.333333	0	5	1.74E+09	6.45E-04	0.2829	0.3763	-2.51E+08	0
3	1.921037	2	0.1735	0.333333	0	5	1.74E+09	6.68E-04	0.2855	0.3887	-2.31E+08	0
4	2.027372	2	0.1644	0.555556	0	5	1.95E+09	0	0.2643	0.2868	-6.28E+07	0.1042
5	2.231147	1	0.2241	0.375	0	3	2.56E+08	0.246016	0.1009	0.0953	-9.76E+07	0.2174
6	2.231147	1	0.2241	0.333333	0	3	2.56E+08	0.236641	0.1004	0.1298	1.46E+07	1.25
7	1.879865	2	0.1773	0.428571	0	3	4.10E+08	0.170898	0.1004	0.1524	-1.06E+08	1.5556
8	1.879865	2	0.1773	0.5	0	3	1.02E+09	0.184531	0.0588	0.1005	-1.01E+08	0
9	1.370238	0	0.7298	0.333333	0	3	3.93E+09	0	0.7699	0.1734	-1.38E+08	0.625
10	1.370238	0	0.7298	0.333333	0	3	3.93E+09	0	0.761	0.2337	9.27E+07	1.25
11	1.428571	0	0.7	0	0	0	3.93E+09	0	0.705	0.2581	6.41E+07	2
12	1.428571	0	0.7	0.375	0	3	3.93E+09	3.05E-05	0.705	0.3696	7.59E+07	1.008
13	1.633987	0	0.612	0.333333	0	3	1.55E+08	0	0	0.5992	6.79E+07	1
14	1.633987	0	0.612	0.333333	0	3	1.55E+08	0	0	0.5429	3.75E+07	0.8333
15	1.633987	0	0.612	0.375	0	3	1.71E+08	0	0	0.519	1.07E+08	0.8333
16	1.633987	0	0.612	0.333333	0	3	1.71E+08	0	0	0.5878	-3.28E+07	0.6383
17	1.633987	0	0.612	0.375	0	3	1.71E+08	0	0	0.5648	1.92E+07	0.4082
18	1.953125	0	0.512	0.375	0	3	2.05E+08	0	0	0.6178	-9.02E+07	2.1765

续表

序号	X_{11}	X_{12}	X_{13}	X_{21}	X_{22}	X_{23}	X_{31}	X_{32}	X_{33}	Y_1	Y_2	Y_3
19	1.367104	0.50015	0.4876	0.5	0	3	2.05E+08	0	0	0.4966	-5.81E+07	0
20	1.367104	0.50015	0.4876	0.6	0	3	2.25E+08	5.33E-04	0	0.4073	7.59E+07	1.2
21	1.395729	0.50015	0.4776	0.333333	0	3	6.34E+08	7.73E-04	0	0.2004	-1.16E+08	0
22	1.422535	0.50015	0.4686	0.333333	0	3	6.34E+08	7.73E-04	0	0.2486	-4.42E+07	0.5
23	1.442545	0.50015	0.4621	0.333333	0	3	6.34E+08	7.73E-04	0	0.3238	-797036.2641	0
24	1.605878	0.50015	0.4151	0.333333	0	3	7.30E+08	6.98E-04	0	0.2597	-1.02E+08	0.1563
25	1.604718	0.50015	0.4154	0.333333	0	3	7.30E+08	3.68E-04	0	0.2461	1.32E+08	0.3
26	1.604718	0.50015	0.4154	0.333333	0	3	7.30E+08	3.70E-04	0	0.297	-1.49E+07	0.5625
27	1.604718	0.50015	0.4154	0.5	0	3	7.30E+08	3.70E-04	0	0.3844	2.81E+07	1.6667
28	1.63824	0.50015	0.4069	0.5	0	3	7.30E+08	3.70E-04	0	0.4271	-9476358.292	0.18
29	1.832325	2	0.1819	0.333333	0	3	1.86E+08	0	0.1819	0.6799	-1.10E+08	0
30	1.941176	2	0.1717	0.333333	0	3	1.86E+08	0	0.1717	0.6615	-8.87E+07	0
31	2.579721	2	0.1292	0.5	0	4	5.28E+08	0	0.1377	0.5151	-2.31E+08	0
32	1.104728	1	0.4526	0.333333	0	3	3.52E+08	0	0	0.2029	-6.73E+07	0
33	1.104728	1	0.4526	0.375	1	3	3.52E+08	0.367983	0	0.3241	-4.22E+07	1
34	1.104728	1	0.4526	0.375	1	3	3.52E+08	0.002926	0	0.3678	-2.47E+08	0
35	1.246261	1	0.4012	0.375	0	3	3.53E+08	0.002914	0	0.3762	-2.18E+08	0
36	1.01989	2	0.3268	0.333333	1	3	3.54E+08	0.056019	0	0.3324	-1.80E+08	1.4333
37	1.37415	0.50015	0.4851	0.428571	1	3	1.34E+08	0.604925	0	0.4079	3.38E+08	0.1351

续表

序号	X_{11}	X_{12}	X_{13}	X_{21}	X_{22}	X_{23}	X_{31}	X_{32}	X_{33}	Y_1	Y_2	Y_3
38	1.37415	0.50015	0.4851	0.428571	1	3	2.68E+08	0.604925	0	0.4691	1.92E+08	0.1
39	1.37415	0.50015	0.4851	0.428571	1	3	2.68E+08	0.604925	0	0.5425	4.37E+08	0.3
40	1.21981	1	0.4099	0.428571	1	3	4.76E+08	0.518059	0	0.3448	3.41E+08	0.24
41	1.937791	0.50015	0.344	0.428571	1	3	9.52E+08	0.450385	0	0.2754	-1.54E+08	0.1923
42	1.888574	0	0.5295	0.363636	0	4	1.76E+08	0.094318	0.0373	0.2956	-8.19E+07	0
43	1.888574	0	0.5295	0.363636	0	4	1.76E+08	0.094318	0.021	0.392	-2.33E+08	0.3774
44	1.888574	0	0.5295	0.444444	0	4	1.76E+08	0.089205	0.0153	0.3336	-2.12E+08	0.339
45	1.884304	0	0.5307	0.444444	0	4	3.52E+08	0.089347	0.0144	0.2597	-1.68E+08	0.1515
46	1.883239	0	0.531	0.444444	0	4	3.52E+08	0.089347	0.019	0.2873	-2.68E+08	0.137
47	1.883239	0	0.531	0.363636	0	4	3.52E+08	0.084403	0.0144	0.2581	9.03E+08	0.2632
48	1.883239	0	0.531	0.363636	0	4	3.52E+08	0.00929	0.0098	0.2649	-3.66E+08	0.2326
49	1.880406	0	0.5318	0.444444	0	4	8.80E+08	0.009295	0.0098	0.2589	-3.09E+08	1.2381
50	1.314274	2	0.2536	0.333333	0	3	3.19E+08	9.39E-05	0.5918	0.4218	-4.19E+07	1
51	1.314274	2	0.2536	0.333333	0	3	3.19E+08	6.26E-05	0.5918	0.083	7.75E+07	0.375
52	1.314274	2	0.2536	0.333333	0	3	3.19E+08	0	0.5918	0.1254	-2.75E+07	0.3125
53	1.314274	2	0.2536	0.333333	0	3	3.19E+08	0	0.5918	0.2127	-3.86E+07	0.2632
54	1.314274	2	0.2536	0.333333	0	3	3.19E+08	0	0.5918	0.1345	-1.63E+07	0.3333
55	1.314274	2	0.2536	0.333333	0	3	3.19E+08	0	0.5918	0.1025	-1.57E+07	0.3529
56	1.314274	2	0.2536	0	0	0	3.19E+08	0	0.5918	0.093	-9534417.501	0.7857

续表

序号	X_{11}	X_{12}	X_{13}	X_{21}	X_{22}	X_{23}	X_{31}	X_{32}	X_{33}	Y_1	Y_2	Y_3
57	1.314274	2	0.2536	0.4	0	2	3.19E+08	2.50E-04	0.5918	0.3568	7.12E+07	1.0533
58	1.345851	0.50015	0.4953	0.333333	0	3	2.33E+08	0	0.5055	0.4538	2875943.081	1
59	1.345851	0.50015	0.4953	0.333333	0	3	2.33E+08	0	0.5929	0.5744	-4.34E+07	0.8
60	1.346939	0.50015	0.4949	0.333333	0	3	2.33E+08	0	0.5294	0.6066	-1.03E+08	0.1481
61	1.346939	0.50015	0.4949	0.428571	1	3	3.03E+08	0	0.5465	0.0813	-1.04E+08	1
62	1.346939	0.50015	0.4949	0.333333	0	3	3.03E+08	0	0.5091	0.6609	-1.68E+08	0
63	1.346939	0.50015	0.4949	0.333333	0	3	3.03E+08	0	0.5014	0.6752	2.71E+07	1
64	1.16252	1	0.4301	0	0	0	3.62E+08	0	0.4339	0.5823	-7.77E+07	0
65	0.810752	2	0.4111	0.333333	0	3	4.71E+08	0	0.4149	0.5715	-1.44E+08	1
66	1.504061	0.50015	0.4432	0.333333	0	3	1.17E+08	0.00812	0.4688	0.3072	6.05E+07	0.197
67	1.504061	0.50015	0.4432	0.333333	0	3	1.17E+08	0.02265	0.4688	0.4031	2.40E+07	0.0926
68	1.504061	0.50015	0.4432	0.375	0	3	1.17E+08	0.007009	0.4688	0.4636	-9.13E+07	0.1471
69	1.504061	0.50015	0.4432	0.333333	0	2	1.64E+08	0.002564	0.4432	0.5683	4681522.805	0.1786
70	1.504061	0.50015	0.4432	0	0	0	1.64E+08	0.004823	0.4432	0.6779	-5.18E+07	0.1429
71	1.943257	0	0.5146	0.333333	1	3	1.40E+08	0.650855	0	0.1445	-1.78E+07	1.2048
72	1.943257	0	0.5146	0.333333	0	3	2.81E+08	0.656268	0	0.3724	-7034475.943	0
73	1.943257	0	0.5146	0.333333	0	3	2.81E+08	0.650499	0	0.5696	8713611.095	1
74	1.968892	0	0.5079	0.333333	0	3	2.85E+08	0.642008	0.0834	0.6124	-4.94E+07	0
75	1.447557	0.50015	0.4605	0.25	0	2	2.83E+08	0.559881	0	0.8168	4.31E+07	1

续表

序号	X_{11}	X_{12}	X_{13}	X_{21}	X_{22}	X_{23}	X_{31}	X_{32}	X_{33}	Y_1	Y_2	Y_3
76	1.824818	0	0.548	0.4	0	2	5.79E+08	0	0.0032	0.4384	2.04E+08	0
77	1.824818	0	0.548	0.4	0	2	5.79E+08	1.04E-04	0	0.4297	1.43E+07	0
78	1.369351	0.50015	0.4868	0.4	0	2	6.52E+08	6.14E-05	0	0.3551	-3741584.436	0
79	1.103996	1	0.4529	0.4	0	2	6.52E+08	9.20E-05	0	0.3226	-1.85E+08	0
80	1.85786	0.50015	0.3588	0.4	0	2	8.47E+08	8.26E-05	0	0.303	-1.89E+08	0
81	1.99223	0.50015	0.3346	0.4	0	2	8.47E+08	8.26E-05	0	0.2623	-2.26E+08	0
82	1.85786	0.50015	0.3588	0	0	0	8.47E+08	8.26E-05	0	0.3334	-2.12E+08	0
83	1.747771	0.50015	0.3814	0.375	0	3	1.80E+08	0	0.3936	0.2423	1.37E+08	0
84	1.775706	0.50015	0.3754	0.333333	0	3	1.80E+08	0	0.3876	0.3655	1.12E+08	1
85	1.775706	0.50015	0.3754	0.333333	0	3	1.80E+08	0	0.3876	0.3111	4.98E+07	0
86	1.775706	0.50015	0.3754	0.375	0	3	1.80E+08	0	0.3876	0.2844	-8002516.659	0
87	1.775706	0.50015	0.3754	0.375	0	3	2.34E+08	0	0.3876	0.3354	1220368.876	0.5556
88	1.775706	0.50015	0.3754	0.333333	0	3	2.34E+08	0	0.3876	0.4831	-7502827.567	0.8333
89	1.775706	0.50015	0.3754	0.333333	0	3	2.34E+08	0	0.3754	0.532	2.50E+07	1
90	1.824302	0.50015	0.3654	0.6	1	3	1.47E+08	0.374898	0	0.378	-3009056.595	1
91	1.824302	0.50015	0.3654	0	0	0	1.47E+08	0.005224	0	0.5722	4.71E+07	1
92	1.824302	0.50015	0.3654	0	0	0	2.34E+08	0.003291	0	0.1973	-8.78E+07	0
93	2.409978	0.50015	0.2766	0.333333	0	3	2.79E+08	0	0	0.2309	4.05E+07	0.5714
94	2.409978	0.50015	0.2766	0.333333	0	3	2.79E+08	0	0	0.2255	5.00E+07	1.5

续表

序号	X_{11}	X_{12}	X_{13}	X_{21}	X_{22}	X_{23}	X_{31}	X_{32}	X_{33}	Y_1	Y_2	Y_3
95	2.409978	0.50015	0.2766	0.333333	0	3	2.79E+08	0	0	0.2578	5.58E+07	1
96	2.409978	0.50015	0.2766	0.375	1	3	2.79E+08	0	0	0.2414	4.84E+07	0.6
97	2.409978	0.50015	0.2766	0.428571	1	3	2.79E+08	0	0	0.2836	-112996.4233	0.4286
98	2.62743	1	0.1903	0	0	0	4.06E+08	0.066871	0	0.2362	-1.81E+08	0.1364
99	2.62743	1	0.1903	0	1	0	5.28E+08	0.066894	0	0.2491	-5610407.982	0.4375
100	1.395144	0.50015	0.4778	0	1	0	8.19E+08	0.055356	0	0.1922	-3.44E+07	0.35
101	2.664269	0.50015	0.2502	0.25	0	2	1.22E+08	0.047898	0.0328	0.3332	1.45E+08	0.3
102	2.664269	0.50015	0.2502	0.333333	0	3	2.44E+08	0.047898	0	0.3189	1.56E+08	0
103	2.664269	0.50015	0.2502	0.333333	0	3	2.44E+08	0.045479	0	0.3711	-2.10E+07	0
104	2.664269	0.50015	0.2502	0.333333	0	3	2.44E+08	0.033217	0	0.3963	-6.34E+07	0.5128
105	2.664269	0.50015	0.2502	0.375	0	3	2.44E+08	0.033053	0	0.4302	-9.44E+07	0
106	2.664269	0.50015	0.2502	0.25	1	2	2.44E+08	0.033053	0	0.4461	-2.15E+08	0
107	2.664269	0.50015	0.2502	0.25	1	2	2.44E+08	0.033053	0	0.4593	-1.88E+08	0
108	1.894288	0.50015	0.3519	0.428571	1	3	3.44E+08	0.02344	0	0.25	-2.15E+08	0
109	1.165792	2	0.2859	0.333333	1	3	1.47E+08	0	0.5258	0.5538	1.75E+08	0.5263
110	1.165792	2	0.2859	0.444444	1	4	1.47E+08	0	0.514	0.5408	1.12E+08	0.3448
111	1.165792	2	0.2859	0.333333	1	3	2.94E+08	0.011871	0.4184	0.6152	-3.70E+07	0
112	3.3769	0.50015	0.1974	0.428571	1	3	4.26E+08	0.007351	0.3346	0.5756	-8603210.741	1
113	3.3769	0.50015	0.1974	0.333333	1	3	4.26E+08	0.005395	0.2633	0.6458	-8.93E+07	0

续表

序号	X_{11}	X_{12}	X_{13}	X_{21}	X_{22}	X_{23}	X_{31}	X_{32}	X_{33}	Y_1	Y_2	Y_3
114	3.3769	0.50015	0.1974	0.428571	1	3	4.26E+08	0.007351	0.1974	0.6909	-1.92E+08	0
115	1.456876	0	0.6864	0.4	1	4	1.68E+09	0	0.6864	0.516	-7.16E+07	0.7442
116	1.503533	0	0.6651	0.363636	0	4	1.71E+09	0	0.6651	0.566	9.86E+07	0.7053
117	1.559089	0	0.6414	0.363636	0	4	1.78E+09	0	0.6414	0.6719	2.67E+07	0.775
118	1.559089	0	0.6414	0.363636	0	4	1.78E+09	0	0.6414	0.6588	-2.67E+08	0.74
119	1.559089	0	0.6414	0.363636	1	4	1.78E+09	0	0.6414	0.6501	-2.33E+08	1
120	1.559089	0	0.6414	0.5	0	4	1.78E+09	0	0.6414	0.6397	-5.17E+08	1
121	1.559089	0	0.6414	0.555556	0	5	1.78E+09	0	0.6414	0.3148	-3.78E+08	0
122	1.559089	0	0.6414	0.5	1	4	1.78E+09	4.50E-05	0.6414	0.2361	-2.68E+08	1.0541
123	1.746115	0	0.5727	0.333333	1	3	4.10E+08	0.023805	0	0.4432	4.79E+08	0.7353
124	1.939864	0	0.5155	0.333333	1	3	9.11E+08	0.02031	0.022	0.2617	8.36E+08	0.6111
125	1.939864	0	0.5155	0.333333	1	3	9.11E+08	0.020771	0.0335	0.4761	9.37E+08	0
126	1.939864	0	0.5155	0.333333	1	3	9.11E+08	0.017214	0.022	0.5881	1.13E+09	1
127	1.939864	0	0.5155	0.166667	1	1	9.11E+08	0.016219	0.0108	0.6372	1.41E+09	0
128	1.177579	1	0.4246	0.375	1	3	1.11E+09	0.012755	0.0071	0.491	1.09E+09	1
129	0.94038	1	0.5317	0.166667	1	1	1.08E+08	0.531721	0	0.4375	7.43E+07	1
130	0.94038	1	0.5317	0.333333	0	3	1.08E+08	0.539256	0	0.429	1.07E+08	0.2439
131	1.761427	0.499775	0.3785	0.333333	0	3	1.51E+08	0.383848	0.0265	0.2407	-1.59E+08	1.1905
132	1.761427	0.499775	0.3785	0.333333	0	3	3.02E+08	0.403779	0.0263	0.3345	-9.94E+07	1

续表

序号	X_{11}	X_{12}	X_{13}	X_{21}	X_{22}	X_{23}	X_{31}	X_{32}	X_{33}	Y_1	Y_2	Y_3
133	1.761427	0.499775	0.3785	0.333333	0	3	3.02E+08	0.403779	0	0.377	-1.53E+08	1
134	1.761427	0.499775	0.3785	0.333333	0	3	3.02E+08	0.421127	0	0.4556	-1.74E+07	0
135	1.761427	0.499775	0.3785	0.333333	0	3	3.02E+08	0.42318	0	0.5154	7.03E+07	1
136	1.16225	1	0.4302	0.3	0	3	4.10E+08	0	0.4302	0.4443	2.01E+07	0
137	1.16225	1	0.4302	0.333333	0	3	4.10E+08	0	0.4302	0.4695	1.46E+08	0
138	1.16225	1	0.4302	0.333333	0	3	4.10E+08	0	0.4302	0.4882	1.93E+07	0.3846
139	1.16225	1	0.4302	0.333333	0	3	4.10E+08	0	0.4302	0.4873	-7.49E+07	0.25
140	1.16225	1	0.4302	0.333333	0	3	4.10E+08	0	0.4302	0.3976	-1.61E+08	0.3125
141	1.16225	1	0.4302	0.333333	0	3	4.10E+08	0	0.4302	0.3444	-1.13E+08	0.3922
142	1.16225	1	0.4302	0.333333	0	3	4.10E+08	0	0.4302	0.3202	-1.21E+08	0.3846
143	1.16225	1	0.4302	0.75	0	3	4.10E+08	0	0.4302	0.3264	-3.25E+07	1.2909
144	1.436234	0.499775	0.4642	0.4	1	4	2.67E+08	0.500599	0	0.2381	2.76E+08	0.5625
145	1.435616	0.499775	0.4644	0.363636	1	4	5.34E+08	0.534775	0	0.508	7.09E+08	0.3509
146	1.435616	0.499775	0.4644	0.363636	0	4	8.54E+08	0.534562	0	0.6441	4.94E+08	2.2222
147	1.434689	0.499775	0.4647	0.363636	0	4	9.39E+08	0.528861	0.0154	0.6023	6.01E+08	1.1579
148	1.673444	0.499775	0.3984	0.4	0	4	1.05E+09	0.456484	0.015	0.5372	-2.08E+08	0
149	2.250225	1	0.2222	0.333333	0	4	2.52E+08	0.015873	0.0838	0.4233	7.82E+07	0.4375
150	2.357379	1	0.2121	0.333333	0	4	2.77E+08	0.016089	0.0849	0.4737	-7.49E+07	0.3889
151	2.357379	1	0.2121	0.333333	0	4	2.77E+08	0.016089	0.0804	0.4966	-1.94E+08	0.1852

续表

序号	X_{11}	X_{12}	X_{13}	X_{21}	X_{22}	X_{23}	X_{31}	X_{32}	X_{33}	Y_1	Y_2	Y_3
152	1.933295	2	0.1724	0.4	0	4	2.77E+08	0	0.0804	0.5347	-8.25E+07	0.3125
153	1.933295	2	0.1724	0.363636	0	4	4.16E+08	0.016089	0.0804	0.5431	-2.74E+07	0.3659
154	1.933295	2	0.1724	0.333333	0	4	4.98E+08	0.013432	0.0804	0.5465	-2.13E+08	0.5
155	2.314583	2	0.144	0.285714	0	4	9.96E+08	0.055306	0.0671	0.5078	-1.21E+08	0
156	2.300207	2	0.1449	0.333333	0	4	9.96E+08	0.063297	0.0671	0.5115	-6.59E+07	0.102
157	1.621271	1	0.3084	0.25	1	2	9.09E+07	0.01529	0.2665	0.2476	3.81E+07	0
158	1.621271	1	0.3084	0.333333	1	3	9.09E+07	0.01232	0.2335	0.2845	1.44E+08	5
159	1.666667	1	0.3	0.5	1	2	1.87E+08	0.02851	0.2271	0.5454	2.65E+08	1.25
160	1.422071	0	0.7032	0.375	0	3	1.39E+08	0	0.75	0.5157	1.68E+07	0.3143
161	1.422071	0	0.7032	0.333333	0	3	1.39E+08	2.16E-06	0.75	0.4964	-5.95E+07	0.2794
162	1.422071	0	0.7032	0.375	0	3	1.39E+08	0	0.723	0.562	-6.37E+07	0.3333
163	2.025828	0.499775	0.3291	0.363636	0	4	3.04E+08	0	0.5627	0.2658	6.81E+07	1
164	2.025828	0.499775	0.3291	0.363636	0	4	3.04E+08	0	0.3291	0.1139	7.99E+07	0
165	2.025828	0.499775	0.3291	0.4	0	4	3.04E+08	0	0.3291	0.2183	-7.01E+07	0
166	2.446606	0.499775	0.2725	0.363636	0	4	3.67E+08	0	0.4443	0.2973	-2.24E+08	0
167	2.455617	0.499775	0.2715	0.428571	0	3	3.67E+08	0	0.4443	0.2546	-2.42E+08	0
168	2.455617	0.499775	0.2715	0.5	0	3	3.67E+08	0	0.4443	0.2643	-2.11E+08	0
169	2.16263	1	0.2312	0.6	1	3	4.33E+08	0.001271	0.3769	0.3272	-2.16E+08	0.4545
170	1.40063	0.499775	0.476	0.375	1	3	5.17E+08	0.996782	0	0.5017	1.30E+09	0.0496

参 考 文 献

[1] 白云霞，林秉旋，王亚平，吴联生.所有权、负债与大股东利益侵占——来自中国控制权转移公司的证据[J].会计研究，2013（4）：66-96.

[2] 蔡奕.上市公司大股东违规查处法律难点及其监管应对[J].证券法苑（第四卷），2011：262-281.

[3] 曹玉贵，杨忠直.公司治理中股东监督行为的博弈分析[J].西北农林科技大学学报（社会科学版），2005（1）：80-84.

[4] 陈德萍，陈永圣.股权集中度、股权制衡度与公司绩效关系研究——2007~2009年中小企业板块的实证检验[J].会计研究，2011（1）：38-43.

[5] 陈耿，杜烽.控股大股东与定向增发价格:隧道效应、利益协同效应及其相互影响[J].南方经济，2012（6）：32-43.

[6] 陈英旭.农业环境保护[M].化学工业出版社，2007.

[7] 陈钊.信息与激励经济学（第二版）[M].格林出版社，2010.

[8] 窦炜，刘星.所有权集中下的企业控制权配置与非效率投资行为研究——兼论大股东的监督抑或合谋[J].中国软科学，2009（9）：107-117.

[9] 窦炜，刘星，安灵.股权集中、控制权配置与公司非效率投资行为[J].管理科学学报，2011（11）：81-96.

[10] 冯根福.双重委托代理理论:上市公司治理的另一种分析框架[J].经济研究，2004（12）：16-25.

[11] 高雷，宋顺林.治理环境、治理结构与代理成本——来自国有上市公司面板数据的经验证据[J].经济评论，2007（3）：35-40.

[12] 雒敏.国家控制、债务融资与大股东利益侵占——基于沪深两市上市公司的经验证据[J].山西财经大学学报，2011（3）：107-115.

[13] 郝颖，刘星，林朝南.上市公司大股东控制下的资本配置行为研

究——基于控制权收益视角的实证分析[J].财经研究，2006（8）：81-93.

[14] 贺建刚，魏明海，刘峰.利益输送、媒体监督与公司治理：五粮液案例研究[J].管理世界，2008（10）：141-150.

[15] 何源，白莹，文翘翘.负债融资、大股东控制与企业投资过度行为[J].系统工程，2007（3）：61-66.

[16] 胡乐明，刘刚.新制度经济学原理[M].中国人民大学出版社，2014.

[17] 黄少安.产权理论与制度经济学[M].湘潭大学出版社，2010.

[18] 黄少安，钟卫东.股权融资成本软约束与股权融资偏好——对中国公司股权融资偏好的进一步解释[J].财经问题研究，2012（12）：3-10.

[19] 黄智.当前我国上市公司大股东掏空行为及相应的监管对策[J].价格理论与实践，2011（2）：69-70.

[20] 贾怀京.不同类型企业的负债率与收益风险的关系[J].系统工程理论与实践，2002（4）：32-38.

[21] 姜付秀，朱冰，王运通.国有企业的经理激励契约更不看重绩效吗?[J].管理世界，2014（9）：143-159.

[22] 江伟，沈艺峰.大股东控制、资产替代与债权人保护[J].财经研究，2005（12）：95-106.

[23] 金颖，唐德善.大股东制衡与外部监管约束机制的博弈分析[J].财会通讯，2010（9）：54-56.

[24] 荆新，王化成，刘俊彦.财务管理学（第七版）[M].中国人民大学出版社，2015.

[25] 孔爱国，王淑庆.股权结构对公司业绩的影响——基于中国上市公司的实证分析.复旦学报（社会科学版）[J].2003（9）：26-33.

[26] 李秉龙，薛兴利.农业经济学[M].中国农业大学出版社，2009.

[27] 李维安.中国公司治理：转型与完善之路[M].机械工业出版社，2013.

[28] 李增泉，刘凤委，于旭辉.制度环境、控制权私利与流通权价值——来自我国上市公司股权分置改革的证据[J].会计与经济研究，2012（1）：24-39.

[29] 刘峰，贺建刚.股权结构与大股东利益实现方式的选择——中国资本市场利益输送的初步研究[J].中国会计评论，2004（6）:141-158.

[30] 刘浩，唐松，楼俊.独立董事:监督还是咨询?——银行背景独立董事对

企业信贷融资影响研究[J]. 管理世界，2012（5）：141-156.

[31] 刘慧龙，陆勇，宋乐. 大股东"隧道挖掘"：相互制衡还是竞争性合谋——基于"股权分置"背景下中国上市公司的经验数据[J]. 中国会计评论，2009（3）：97-112.

[32] 刘力，王汀汀，王震. 中国A股上市公司增发公告的负价格效应及其二元股权结构解释[J]. 金融研究，2003（8）：60-71.

[33] 刘少波. 控制权收益悖论与超控制权收益——对大股东侵害小股东利益的一个新的理论解释[J]. 经济研究，2007（2）：85-96.

[34] 刘星，蒋弘. 上市公司股权制衡与并购绩效——基于夏普利指数与粗糙集的实证研究[J]. 经济与管理研究，2012（2）：15-21.

[35] 刘星，刘伟. 监督，抑或共谋？——我国上市公司股权结构与公司价值的关系研究[J]. 会计研究，2007，（6）：68-75.

[36] 罗必良. 新制度经济学[M]. 山西经济出版社，2006.

[37] 罗伯特·考特，托马斯·尤伦. 法和经济学[M]. 格致出版社，2012.

[38] 罗彪，刘新雨，王成园. 基于"激励相容"的企业集团绩效信息管理机制分析[J]. 运筹与管理，2013（2）：216-220.

[39] 罗进辉，万迪昉，蔡地. 大股东治理与管理者投资过度行为研究——来自中国上市公司的经验数据[J]. 证券市场导报，2008（12）：44-60.

[40] 吕新军. 股权结构、高管激励与上市公司治理效率——基于异质性随机边界模型的研究[J]. 管理评论，2015（6）：128-139.

[41] 蒙特塞拉. 博弈论与经济学[M]. 经济管理出版社，2011（7）.

[42] 南开大学公司治理研究中心公司治理评价课题组. 中国上市公司治理指数与公司绩效的实证分析——基于中国1149家上市公司的研究[J]. 管理世界，2006（3）：104-113.

[43] 曲亮，章静，郝云宏. 独立董事如何提升企业绩效——立足四层委托—代理嵌入模型的机理解读[J]. 2014（7）：109-121.

[44] 申尊焕. 大股东合作与竞争关系的一个博弈分析[J]. 商业经济与管理，2005（2）：75-79.

[45] 施东晖，司徒大年. 中国上市公司治理水平及对绩效影响的经验研究[J]. 世界经济，2004（5）：70-79.

[46] 石大林，路文静. 公司治理效率与公司综合绩效间的关系——基于面板数据模型和主成分分析方法[J]. 山东财政学院学报，2014（5）：

83-92.

[47] 宋小保，刘星. 大股东侵占与外部监督的进化博弈分析[J]. 系统工程学报，2009（5）：589-595.

[48] 孙世民，陈会英. 优质猪肉供应链合作伙伴有效竞合机制的进化博弈分析[J]. 2008中国发展进程中的管理科学与工程（卷Ⅱ），2008: 1466-1470.

[49] 唐跃军. 大股东制衡、互动效应与现金股利[J]. 系统工程学报，2009（6）：272-278.

[50] 唐跃军，左晶晶. 所有权性质、大股东治理与公司创新[J]. 金融研究，2014（6）：177-192.

[51] 唐宗明，蒋位. 中国上市公司大股东侵害度实证分析[J]. 经济研究，2002（4）：44-50.

[52] 王华. 中国省级区域餐饮业竞争力的结构方程模型[J]. 旅游科学，2009（6）：23-27.

[53] 王济川，王小倩，姜宝法. 结构方程模型：方法与应用[M]. 高等教育出版社，2011.

[54] 王亮，罗党论，姚益龙. 股权分置改革、大股东支持的动机与后果——来自中国上市公司的经验证据[J]. 山西财经大学学报，2010（11）：94-101.

[55] 王全法. 破产法对债权人利益保护的不足[J]. 经济与社会发展，2007（10）：160-163.

[56] 魏明海，柳建华. 国企分红、治理因素与过度投资[J]. 管理世界，2007（4）：88-95.

[57] 吴明隆. 结构方程模型——AMOS的操作与应用[M]. 重庆大学出版社，2010.

[58] 吴淑琨. 国有企业治理结构的制度创新[J]. 西安交通大学学报（社会科学版），2001（3）：14-17.

[59] 吴淑琨，柏杰，席酉民. 董事长与总经理两职的分离与合一[J]. 经济研究，1998（8）：21-28.

[60] 肖星，陈晓. 股利政策与外部股东保护[C]. 新经济环境下的会计与财务问题论文集，2002（10）：65-74.

[61] 谢识予. 经济博弈论（第三版）[M]. 复旦大学出版社，2010.

[62] 许海峰. 公司治理[M]. 人民法院出版社，2005（1）.

[63] 徐莉萍，辛宇，陈工孟. 股权集中度和股权制衡及其对公司经营绩效的影响[J]. 经济研究，2006（1）：90-100.

[64] 徐向艺，房林林. 企业生命周期、股权结构与企业价值——来自制造业上市公司的实证检验[J]. 东岳论丛，2015（3）：170-178.

[65] 徐向艺，谢永珍. 现代公司治理[M]. 经济科学出版社，2013.

[66] 徐向艺，张立达. 上市公司股权结构与公司价值关系研究——一个分组检验的结果[J]. 中国工业经济，2008（4）：102-109.

[67] 阎大颖. 中国上市公司控股股东价值取向对股利政策影响的实证研究[J]. 南开经济研究，2004（6）：94-105.

[68] 杨秋林. 关于制定农业专业会计核算办法的思考[J]. 会计研究，2002（6）：24-26.

[69] 杨水利. 国有企业经营者业绩的灰色评价[J]. 西安理工大学学报，2001（3）：102-109.

[70] 杨松令，李丽莎. 建立和谐共生的股东关系初探[J]. 会计之友，2010（6）：12-14.

[71] 杨松令，刘亭立. 基于共生理论的上市公司股东行为研究——一个研究框架及设想[J]. 会计研究，2009（1）：81-88.

[72] 杨松令，张薇. 上市公司大小股东关系的生态学分析[J]. 会计师，2010（3）：9-11.

[73] 杨雄胜. 高级财务管理[M]. 东北财经大学出版社，2009.

[74] 杨兴全，张丽平，陈旭东. 市场化进程与现金股利政策:治理效应抑或缓解融资约束?[J]. 经济与管理研究，2014（5）：76-84.

[75] 杨亦民. 基于大股东控制的融资结构对企业投资行为影响及其经济后果研究[D]. 重庆大学，2006: 80.

[76] 杨勇平，蔡英，吴伟，雍小晶. 中国证券报[N]. 2006（2）.

[77] 尹筑嘉，杨晓光，黄建欢. 大股东主导的资产重组、公司效率与利益侵占——基于中国重组类整体上市案例的研究[J]. 管理科学学报，2013（8）：55-67.

[78] 于东智. 股权结构、治理效率与公司绩效[J]. 中国工业经济，2001（5）：54-62.

[79] 原红旗. 中国上市公司股利政策分析[J]. 财经研究，2001（3）：33-41.

[80] 袁振兴，杨淑娥.大股东对不同现金股利政策的偏好与利益侵占[J].统计与决策，2007（1）：95-97.

[81] 曾林阳.大股东超控制权收益与合理控制权收益实现途径[J].云南民族大学学报（哲学社会科学版），2008（4）：87-90.

[82] 张红军.中国上市公司股权结构与公司绩效的理论及实证分析[J].经济科学，2000（8）：34-44.

[83] 章卫东，王乔.论我国上市公司大股东控制下的股权再融资问题[J].会计研究，2003（11）：44-46.

[84] 张维迎.博弈论与信息经济学[M].格致出版社，2012（4）：235-248.

[85] 张维迎.理解公司——产权、激励与治理[M].上海人民出版社，2014.

[86] 张祥建，徐晋.股权再融资与大股东控制的"隧道效应"[J].管理世界，2005（11）：127-136.

[87] 章新蓉，杨璐.基于多个大股东博弈的最优股权结构分析[J].上海经济研究，2009（4）：73-76.

[88] 赵金龙.游离于公司法、破产法之间的债权人保护[J].商业研究，2011（12）：193-199.

[89] 郑国坚，林东杰，张飞达.大股东财务困境、掏空与公司治理的有效性——来自大股东财务数据的证据[J].管理世界，2013（5）：157-168.

[90] 郑辉.风险投资双重委托代理研究[D].复旦大学，2007（6）：18.

[91] 钟海燕，冉茂盛，文守逊.上市公司大股东治理机制作用下的融资行为研究[J].经济与管理研究，2010（8）：5-13.

[92] 周中胜.治理环境、政府干预与大股东利益输送[J].山西财经大学学报，2007（29）：62-70.

[93] 朱红军，汪辉."股权制衡"可以改善公司治理吗？——宏智科技股份有限公司控制权之争的案例研究[J].管理世界，2004（10）：114-123.

[94] 祝继高，叶康涛，陆正飞.谁是更积极的监督者：非控股股东董事还是独立董事？[J].经济研究，2015（9）：170-184.

[95] 朱武祥，宋勇.股权结构与企业价值——对家电行业上市公司实证分析[J].经济研究，2001（12）：66-72.

[96] 邹彩芬.农业上市公司运行环境、资本结构与经营绩效关系研究[D].华中农业大学，2007（6）：8.

[97] Ahn, S., Denis, D.J., Denis, D.K. Leverage and investment in diversified firms [J]. Journal of Financial Economics, 2006 (79): 317-337.

[98] Aivazian, V.A., Ge, Y., Qiu, J.P. The impact of leverage on firm investment: Canadian evidence [J]. Journal of Corporate Finance, 2005, (11): 277-291.

[99] Are Large Shareholders Conducting Influential Monitoring in Emerging Markets? An Investigation into the Impact of Large Shareholders on Dividend Decisions: The Case of Kuwait [J]. Research in World Economy, 2012, 3 (2): 52-67.

[100] Bebchuk, L., R. Kraakman G. Triantis. "Stock Pyramids, Cross-Ownership, and Dual Class Equity: The Creation and Agency Cost of Separating Control from Cash-flow Rights", in R. K. Morck (ed.) [M]. Concentrated Corporate Ownership (Chicago, IL: University of Chicago Press), 2000: 295-315.

[101] Booth L., Aivazian V., Demirguc-Kunt A., Maksimovic V. Capital structures in developing countries [J]. Journal of Finance, 2001 (56): 87-130.

[102] Caselli, F., N. Gennaioli. Dynastic Management, National Bureau of Economic Research [R]. Working Paper, 2003: 9442.

[103] Chen, G., Firth, M., Gao, D.N., Rui, O.M. Corporate Performance and CEO Compensation in China [J]. Journal of Corporate Finance, 2006, 12 (4): 693-714.

[104] Claessens, S., Djankov, S., Fan, J. P. H., Lang, L. H. P. Disentangling the Incentive and Entrenchment Effects of Large Shareholdings [J]. Journal of Finance, 2002 (57): 2741-2771.

[105] David A. Butz. How Do Large Minority Shareholders Wield Control?[J]. Managerial and Decision Economics, 1994: 291-298.

[106] Demsetz H., Lehn K. The Structure of Corporate Ownership: Causes and consequences [J]. Journal of Political Economy. 1985 (93): 1155-1177.

[107] Ettore Croci John A. Doukas Halit Gonenc. Family Control and Financing Decisions [J]. European Financial Management, 2011, 7 (5): 860-897.

[108] Faccio, M., L. H.P. Lang, L. Young. Dividends and Expropriation [J].

American Economic Review，2001: 54-78.

[109] Federico M. Mucciarelli. The Function of Corporate Law and the Effects of Reincorporations in the U.S. and the EU [J]. Tulane J. of Int'l & Comp. Law，2012（20）: 421-468.

[110] Friedman D. Evolutionary games in economics [J]. Econometrics，1991（5）: 637-666.

[111] Gillan，S.，Starks，L. Relationship Investing and Shareholder Activism by Institutional Investors [J]. Journal of Financial Economics，2000（57）: 275-305.

[112] Gomes，A. R.,Novaes，W.Sharing of control as a corporate governance mechanism [J]. PIER Working Paper，2005: 01-12.

[113] Gugler，K.，Yurtoglu，B. Corporate Governance and Dividend Payout Policy in Germany [J]. European Economic Review，2003（47）: 731-758.

[114] Henrik Cronqvist，Rudiger Fahlenbrach. Large Shareholders and Corporate Policies [J]. Advance Access publication，2008（10）: 3941-3976.

[115] Holderness，C.G.A survey of Blockholders and Corporate Control [J]. Economic Policy Review，2003（9）: 51-64.

[116] Jens Hilscher Elif Şişli-Ciamarra. Conflicts of Interest on Corporate boards: The Effect of Creditor-directors on Acquisitions [J]. Journal of Corporate Finance，2013（19）: 140-158.

[117] Jin-hui Luo Di-fang Wan. The Non-monotonic Governance Effects of Large Shareholdings in Chinese Listed Companies: An Overinvestment Perspective [J]. Corporate Governance，2012，12（1）: 3-15.

[118] Johnson，S.，La Porta，R.，Lopez-de-Silanes，F.，Shleifer. A. Tunneling [J]. The American Economic Review，2000（90）: 22-27.

[119] Julie Byrne Thomas O'Connor. Creditor Rights and the Outcome Model of Dividends [J]. The Quarterly Review of Economics and Finance，Issue 2，2012，52（5）: 227-242.

[120] La Porta，R.，F. Lopez-de-Silanes，A. Shleifer.Corporate Ownership Around the World [J]. Journal of Finance，1999，54（2）: 471-518.

[121] Lehmann E.，Weigand，J. Does the Governed Corporation Perform Better Governance Structures and Corporate Performance in German? [J].

European Finance Review, 2000（4）: 157-195.

[122] Lins, K. V. Equity Ownership and FirmValue in Emerging Markets [J]. Journal of Financial and Quantitative Analysis, 2003（38）: 159-184.

[123] Maury, B., A. Pajuste. Controlling Shareholders, Agency Problems and Dividend Policy in Finland [J]. Finnish Journal of Business Economics, 2002（51）: 15-45.

[124] Michael C. Jensen, William H. Meckling. Theory of the Firm: Managerial Behavior, Agency Costs and Ownership Structure [J]. Journal of Financial Economics, 1976（10）: 305-360.

[125] Milton Harris Artur Raviv. Control of Corporate Decisions: Shareholders vs. Management [J]. The Review of Financial Studies, 2010（23）: 4117-4147.

[126] Morck, D. Wolfenson, B. Yeung. Corporate Governance, Economic Entrenchment and Growth [J]. Journal of Economics Literature, 2005（43）: 655-721.

[127] Morellec, E., Nikolov, B., Schü rhoff, N. Dynamic Capital Structure Under Managerial Entrenchment: Evidence from a Structural Estimation [R]. Working Paper, University of Lausanne, Switzerland, 2008.

[128] Nivorozhkin E. Financing Choices of Firms in EU Accession Countries [J]. Emerging Markets Review, 2005（6）: 138-169.

[129] Paul Brockman Emre Unlu. Dividend Policy, Creditor Rights, and the Agency Costs of Debt [J]. Journal of Financial Economics, Issue 2, 2009, 92（5）: 276-299.

[130] Rafael La Porta Florencio Lopez-de-Silanes And Shleifer Robert Vishny. Investor Protection and Corporate Governance [J]. Journal of Financial Economics, 2000（58）: 3-27.

[131] Rebeca García-Ramos. Independent Directors, Family Ownership Structure and Firm Financial Performance [J]. International Research Journal of Finance and Economics, 2012（90）: 6-24.

[132] Richardson S. Over-investment of free Cash Flow [J]. Review of Accounting Studies, 2006（11）: 159-189.

[133] Salla Pöyry Benjamin Maury. Influential Ownership and Capital Structure

[J]. Managerial and Decision Economics Manage. Decis. Econ, 2010 （31）：311-324.

[134] Scott Richardson. Over-investment of Free Cash Flow [J]. Rev Acc Stud, 2006 （11）： 159-189.

[135] Thomas Schmid. Control Considerations, Creditor Monitoring, and the Capital Structure of Family Firms [J]. Journal of Banking & Finance, Issue 2, 2013, 37 （2）：257-272.

[136] Thomsen, P. Ownership Structure and Economic Performance in the Largest European Companies [J]. Strategic Management Journal, 2000 （6）：689-705.

[137] Trivedi Savita. A Study of Capital Structure of a Firm [J]. Advances In Management, 2012, 5 （10）：59-67.

[138] Villalonga, B., R. Amit. How Do Family Ownership, Control, and Management Affect Firm Value? [J]. Journal of Financial Economics, 2006 （80）：385-417.

[139] Volpin P. F. Governance with Poor Investor Protection： Evidence from Top Executive Turnover in Italy [J]. Journal of Financial Economics, 2002 （1）：61-90.

[140] Xing Liu Ling An Benjamin Tai. Control of Largest Sharehoider, Level of Government Control, and the Creation of Corporate Value [J]. Journal of Academy of Business and Economics, 2010, 10 （1）：182-195.

[141] Yi-Hua Lin Jeng-Ren Chiou, Yenn-Ru Chen. Ownership Structure and Dividend Preference [J]. Emerging Markets Finance & Trade, 2010, 46 （1）：56-74.

[142] Yin-Hua Yeh, Pei-Gi Shu, Re-Jin Guo. Ownership Structure and IPO Valuation [J]. Financial Management, 2008 （9）：141-161.

[143] Yuan Yuan. Impact of Leverage on Investment by Major Shareholders. Waseda Institute for Advanced Study [D]. Waseda University. Tokyo, Japan, November 12, 2012.

[144] Yves Bozec, Claude Laurin. Large Shareholder Entrenchment and Performance: Empirical Evidence from Canada [J]. Journal of Business Finance & Accounting, 2008 （1）：25-49.